從馬斯克到第一性原理

世界首富的賺錢思維

First Principle
The Richest Man's
Thinking.

回到原點，找到真理

「我認為，採用第一性原理而不是類比法的原因很重要。我們日常生活經常使用類比法，因為他可以讓我們參考其他類似的事物或是其他人也是這樣做。但當你採用第一性原理，則必須要努力找到最基本的真理，再從而推演出後續步驟。」

——伊隆・馬斯克

科技狂人馬斯克用PayPal顛覆金融業、用Tesla改變燃油車主導的市場，更以SpaceX製造火箭航向太空，結束太空探索由政府壟斷的時代，不只如此，他還跨足能源與負責隧道建設的「無聊公司」（The Boring Company），計畫推出超迴路列車。據《彭博社》報導，他的淨資產甚至高達1,950億美元，超越Amazon創辦人貝佐斯，坐上全球首富寶座。

試問馬斯克到底靠什麼在多個產業中都能成為佼佼者？答案就是第一性原理。

第一性原理是量子力學中的術語，指將問題分解成最基本的條件，然後根據事實推論，創造出新價值。在分解問題的過程中是最耗費精神和力氣的，因此相較於第一性原理，一般人更習慣於直覺式的「類比式推論」，在前人的基礎上做一點點更動，但這樣的思維只能產生細小的反覆運算發展，無法做到真正前無古人的開創式創新。

馬斯克以電動車舉例，當時大部分的專家都認為發展電動車不可行，因為電池成本在歷史上一直居高不下，製造蓄電量一千瓦的電池組就要600美元，未來也不太可能降低。透過第一性原理的邏輯，他放棄使用市場上所有生產電池組的技術，回歸到原物料層次，還原組成電池最基礎的材料，也就是構成電池的「基本事實」為何，他得到結論——重點在於如何找出便宜巧妙的方法，將原物料組合成一顆電池組。也就能獲得比一般人想像中成本低廉的電池，這也是Tesla的競爭力所在。

想要能夠高效地解決問題，首要要做的是建立思維方式，其中最重要就是培養深度思考、洞察問題本質的能力。可是大多數人一直在沿用的邏輯思維都是比較思維、慣性思維、歸納思維，即別人怎麼做的？同行怎麼做的？我們過去怎麼做的？

在實際實施中總依賴於別人的經驗、過去的經驗，並把這些經驗作為思考依據，形成一個偏離正軌的經驗結論，從局部看整體。當這種經驗思維形成習慣，就很難跳出來思考問題的本質和根源。

我們看到科學的研究都是基於這樣的演繹過程，剛開始從初步的規律出發，然後用實踐驗證初步規律是否正確，如果正確，那就會再加以驗證是否具有普遍適用性，但凡有一個不適用，便會去思考之前的演繹是否正確，然後再加入新的條件假設重新推演新的結論，以實驗驗證結論。

第一性原理是一種從物理學的角度來思考，從問題起點進行演繹的思維方式，結論是由一個或多個條件推演而來，這是一種可以產生顛覆式創新的思維，同時這種顛覆式創新是一種未發生未見過的事情，馬斯克便把他取得的創新成就歸結於對第一性原理的運用。

馬斯克曾說過：「如果你真的想做一些新的東西出來，就必須依賴物理學方法」。在Tesla早期研製電動汽車的時候，遇到電池高成本的難題，馬斯克和工程師仔細分析電池的組成，經過大量試驗，將成本大幅降低。但按照一些普通人的經驗思維就是：因為它原料成本就如此、市價價格就很貴，它未來也不可能變得更便宜。

在如今這瞬息萬變的時代，創新是社會發展的原動力，若我們一直慣用經驗思維，將難以適應這個時代的變化，所以我們需要具有顛覆創新的思維，具有深度思考、洞察問題本質能力。這實質是建立一種新的思維模型，需要一種歸零心態，透過不斷刻意練習去改變固有的認知，並透過不斷跨學科學習建立新的思維模型框架。

很多人在業餘時間大量閱讀學習，非常努力，但是結果卻不如預期，原因就在於沒有運用第一性原理的思維。我們習慣去看別人的點評，專家的付費課程，投入後發現並沒有記住多少。但只要我們改為潛心深入地探究學習的本質，會發現很多事物之間存在著某種聯繫，科學和生命、心理學、宇宙等知識能給予很多啟示。

查理・蒙格說：「你們不需要了解所有的知識，只要吸取各個學科最傑出的思想就行了。」在過去的學習中，我們始終在單一領域裡學習，經驗與見識始終來源於該學科，而其他領域的學科似乎離得很遙遠，也沒有真正興趣去學習，這其實是認知上的誤導。

如果我們一生都試圖用一門學科的知識來解決所遇到的問題，是根本不可能的。簡言之，塑造多元的思維模型是學習第一性原理的途徑，只要我們所學學科跨度越多，能解答的問題越多。

本書深入淺出地與你探討第一性原理，能助你跳出經驗思維、獨立看待問題角度，擴寬廣度，提高高度，加深深度，以各種面向、多角度的看到事實，架構自己的認知體系，轉變為自身通用的能力。

Part 1 逆轉勝的鋼鐵人馬斯克

Part 2 首富思維：第一性原理

Part 3 拆解問題，以終爲始

Part 4 破界創新，無邊際擴張

Part 1

逆轉勝的鋼鐵人馬斯克

FIRST PRINCIPLE

THE RICHEST MAN'S THINKING.

繼賈伯斯後的新傳奇人物

他是發明家、創業家和億萬富豪；他是好萊塢賣座英雄片《鋼鐵人》主角的靈感來源；他跟賈伯斯一樣，都被稱為「改變世界的科技狂人」，他就是伊隆·馬斯克（Elon Musk），一位繼賈伯斯之後的新傳奇人物，而且他的野心比賈伯斯更大、更瘋狂。

毫無疑問，Apple創辦人賈伯斯（Steve Jobs）、Microsoft創始人比爾·蓋茲（Bill Gates）是二十世紀最偉大的創業家；賴利·佩吉（Larry Page）、謝爾蓋·布林（Sergey Brin），以及祖克柏（Mark Zuckerberg）打造的Google和FB，則是二十一世紀影響世界的重要網路公司，但如果要尋找打造未來人們生活下一個關鍵性突破的人，那你一定要把馬斯克放入這個名單上。

比爾·蓋茲　祖克柏　賈伯斯　賴利·佩吉　謝爾蓋·布林　馬斯克

紐約時報稱馬斯克「幾乎是世界上最成功、最重要的企業家。」許多人對此稱號表示認同，他是世上唯一一位創辦四間獨角獸公司PayPal、Tesla、SpaceX和SolarCity的狂人。28歲推出PayPal，為線上支付領頭羊；31歲創立航太公司SpaceX，啟動人類移民火星計畫；32歲投資Tesla，改變了外界對電動車的負面印象；35歲創辦太陽能公司SolarCity，發展綠能。

之後馬斯克又宣布打造一種比高鐵快三倍，但成本僅需高鐵十分之一的交通工具「超迴路列車」（Hyperloop），可以預見一場交通革命的到來。從網際網路、太空科技，到電動車和永續能源，他把發明頂尖科技當作「變魔法」，一再打破常規，挑戰極限，成為矽谷最新的創業傳奇。

馬斯克的傳奇性也表現在他總能力挽狂瀾地拯救局勢，2008年Tesla第一款電動車Roadster因為延遲交車，加上技術和安全疑慮，導致已付訂金的客戶紛紛取消訂單，倉庫內堆滿有缺陷無法交付的車子。當時又發生美國次貸風暴、美國投資銀行雷曼兄弟申請破產，這波金融海嘯讓信貸市場凍結，Tesla出現金流緊縮的窘境，資金只夠付幾週工資。當時馬斯克得自掏腰包拿出數百萬美元，公司才得以繼續運作。

2013年，Tesla在Model S開賣一、二個月後，再度出現現金緊縮窘境，當時已支付5,000美元訂金的客戶們，卻在車輛可交貨後縮手，不願意支付全額約10萬美元的車價，導致Tesla的現金降到危險的低水位。

當馬斯克在得知Tesla的財務危機後，做了兩件事。首先，他把每位公司員工變成業務人員，讓他們打電話給所有付了訂金的客戶，說服他們完款，好將所有預訂單轉為實際銷售，成功取得現金。其次，他說服朋友Google執行長佩吉，在Tesla真的用光所有現金時能夠買下公司。

Google研究後，同意在需要時以60億美元左右價格買下Tesla。所幸馬斯克的第一個措施奏效，一個月後宣布該季賣出4,900台Model S，公司上市以來首度獲利。面對危機時，馬斯克不慌不亂、沉穩以對，最終化險為夷。

2021年，Tesla股價猛衝6.4%至867.5美元，據彭博富豪榜統計，馬斯克資產逾1,950億美元，超越Amazon創辦人貝佐斯（Jeff Bezos）的1,869億美元身家，正式成為全球首富，Tesla絕地反擊，也因此成就了馬斯克。

但其實在馬斯克的內心深處，他不認為自己是一名商人或企業家，他覺得自己就是一位工程師、發明家和科學家。作為一位天賦異稟的工程師，他能夠發現出各項設計中缺乏效率、缺陷以及人們全然無視，卻能為文明提供動力的工具。

馬斯克弟弟兼長期商業夥伴金巴爾（Kimbal Musk）曾說：「他（馬斯克）能以一種沒有任何人能理解的方式，更清晰地審視事物。」又說：「哥哥相當熱衷於西洋棋，在西洋棋中有這樣一種說法，如果你能提前看到十二步，你就是位大師了。而哥哥能在任何情況下都提前看到十二步。」

狂人的誕生

馬斯克本人就是一台新聞製造機，身上充滿著「瘋狂」、「天馬行空」等另類的標籤。他不僅是風格獨特的夢想家、創業家與發明家，也是卓有遠見、一再顛覆傳統模式的企業家。從PayPal到Tesla、SpaceX、SolarCity，他的創業歷程一路布滿荊棘，但每次都能讓世人的眼睛一亮。在管理Tesla、SpaceX、SolarCity三家公司時，不僅直接參與火箭、汽車的研發與設計工作，還投資電影、熱衷於慈善事業，其野心之蓬勃、精力之旺盛，常人難以想像。

1971年，馬斯克在南非一個上流家庭出生，父親艾羅爾（Errol Musk）是一名出生於南非的英國人，從事電氣及機械工程的工作，是一名電動機械工程師；母親梅伊（Maye Haldeman Musk）是加拿大人，從事作家、營養師和模特兒工作。

馬斯克年幼時體型瘦弱，因為喜歡思考而看著內向，會時不時陷入沉思，沉浸在自己的世界之中，對周遭發生的事情沒有什麼反應，母親梅伊因此懷疑馬斯克是否有聽覺障礙，帶著馬斯克到醫院診斷，但沒想到醫生誤判，切掉了他的扁桃體。而馬斯克沒有回應，其實只是過於專注思考罷了，所以才對外界所發生的事情都沒反應。

梅伊穿梭於時尚、上流聚會，經常帶著馬斯克出席活動，與一些風趣的上流社會人士見面，但馬斯克對這些活動並不感興趣，他會隨身帶著一本書，當大人在聊天的時候，他就窩在一旁靜靜地看書。

馬斯克熱愛閱讀，從小就書不離手，一家人去購物的時候，經常一轉身發現馬斯克不見，這時媽媽和弟弟會到鄰近的書店尋人，總能看見馬斯克坐在地板上全神貫注地看書，彷彿書本是他唯一信仰，尤如狂熱的崇拜者。

在大量閱讀的薰陶下，馬斯克學習的速度也相當驚人，每天讀書十數小時可說是家常便飯，如果是週末，一天可以讀完兩本書。因此，大約在馬斯克小學四年級時，就把《魔戒》、《基地》、《星際迷航》、《銀河系漫遊指南》、《愛因斯坦傳》、《牛頓》等書籍讀完。馬斯克的閱讀量大到把學校及鄰近圖書館的書全部看完，甚至還詢問圖書館人員可不可以多訂些書回來。

馬斯克為了解決無書可讀的「書荒」，想辦法找來全套《大英百科全書》閱讀，此書全套共有三十二卷，約四千多萬字，眾人都沒想到一名年僅9歲的孩子能把一套百科全書全部讀完，且他所謂的讀書，並非走馬看花，隨意瀏覽一遍，而是熟記於心，這也讓他養成了過目不忘的本事。

但如果你認為馬斯克是僅滿足於從書本上汲取理論知識的孩子，那就大錯特錯了。馬斯克除唸書外，對於自製炸藥和火箭也非常感興趣，經常把自己製作的火箭模型帶到學校展示，吸引了一大批同學的目光。

其實馬斯克並不擅於融入群體，在大眾眼中甚至是有點「古怪」的孩子。馬斯克也在一次專訪中坦言，在求學時期經常遭受嚴重的霸凌，同學們總會莫名其妙的找他麻煩，鼻子被打斷可說是家常便飯的事，在頻繁的傷害下，造成鼻隔膜受損，導致成年後落下輕微「呼吸困難」的症狀。

有一次甚至被校園惡霸打得差點沒命，馬斯克也表示：「自己的童年並不快樂，甚至差點被打死。」此外，他的親弟弟金巴爾也證實：「哥哥總被欺負地很慘，但還是得照常去上課，他恨死學校了。」

有次馬斯克在購物中心首次看到「電腦」，當時南非知道電腦的人少之又少，他對這台可以編寫程式的機器感到十分好奇，便拜託父親買一台電腦給他。馬斯克人生的第一台電腦是在1980年代上市的熱門家用電腦Commodore VIC-20，記憶體僅有5kb，同時還附上一本程式語言教學手冊，但這在當時來說已經很好了。

早期電腦Commodore VIC-20。

這本手冊對成年人來說，一般也要花上六個月才可能學完，但馬斯克拿到後好似著了魔一般，一連看了三天三夜沒睡覺，把所有內容一口氣讀完。學會寫程式後，馬斯克便感到技癢難耐，且他本身就是一名狂熱的電腦遊戲迷，於是他開始自己編寫遊戲程式，也為日後的成就進行了舖墊。

馬斯克腦袋裡總是充滿著奇思妙想，一路打破常規，超乎眾人的想像，12歲那年便寫出一個以太空為背景，名為「宇宙爆炸」（Blastar）的小遊戲，並把它賣給一間雜誌社，賺下人生第一筆收入500美元。

17歲高中畢業後，他為了躲避南非的強制兵役制度，也為了追求自己的夢想，離他的矽谷夢更靠近一點，決定離開南非，與媽媽、妹妹還有弟弟一起移民到加拿大，前往加拿大讀書，此後的求學過程中，也不再受到父母的經濟資助。

在加拿大皇后大學就讀兩年後，馬斯克獲得美國常春藤名校賓夕法尼亞大學的轉學機會和全額獎學金。他為了想知道宇宙運轉的規律和弄清楚人類經濟活動的邏輯，在賓夕法尼亞大學主修了兩個學位：一個是物理學學位，另一個是經濟學學位，把學校資源發揮到極致。

後來，馬斯克申請上史丹佛大學的應用物理與材料科學博士班，但他在博士學程開學兩天後便休學，在多年後的專訪中他表示：「我上大學只是為了多玩一下。」原來選擇輟學是為了認真朝夢想前進，因為他無法看著網路時代的到來，自己卻置身事外。

24歲的馬斯克休學後，拿著父親資助的2.8萬美元創業，和弟弟金巴爾一同創立Zip2公司，為新聞媒體提供線上的城市導航與指南資訊，有點像是線上

版的黃頁，早年很多國家會發行一本工商名冊，因大多是以黃紙印刷，故稱黃頁。

馬斯克這麼描述他首次創業的過程：「因為買不起公寓，所以只能睡在辦公室沙發上，在基督教青年會洗澡，甚至只能和弟弟共用一台電腦。」馬斯克說明當時的生活：「網站於白天運行，我在晚上修改、寫代碼，一週七天如此循環進行。」直至1999年，康柏公司以3.07億美元現金和3,400萬美元股票期權收購Zip2，手中持有7%股份的馬斯克因此賺進2,200萬美元。

其實早在創業前，馬斯克就已決定自己未來想涉足的三個領域：網路、再生能源、航太科技，他認為這三個領域都是深深影響著人類未來發展的要素！

大家總說馬斯克埋首工作時，就好似一個不知疲倦的機器人。在創立Zip2時，他每天都在工作，累了就睡辦公室。有次接受《紐約時報》採訪時，馬斯克真情流露，表示自己「每週工作120個小時」，有時還需要服用安眠藥來對抗失眠，大腦才得以停下來休息。

之後他賣掉這家公司，另成立支付軟體PayPal的前身X.com，因為他發現當時的金融業在網路領域缺乏創新，用戶和用戶間的支付極不方便。於是他結合自己的網路經驗，創立X.com，後更名為PayPal。2002年eBay以15億美元收購PayPal，馬斯克從中賺取2.5億美元，當時他年僅31歲。

就在同一年，馬斯克成立人生中第三間公司SpaceX，這是一間航太公司，企業理念為建立既安全又節約成本的商業火箭，SpaceX規模極為龐大，有3,000名員工。2012年，SpaceX發射了一枚二級火箭，將太空船Dragon送上太空，於發射三日後與國際太空站對接，開啟了太空民營化的時代。而後2020年5月31日，SpaceX發射載人航太飛船Dragon 2，兩名太空人搭載Dragon 2，飛向國際太空站，並成功回收一級推進器，開啟航太商業載人的時代。

馬斯克33歲的時候入股Tesla，擔任執行長兼首席設計師。他對電動車的興趣始於Tesla創立前，早年他求學時選讀應用物理和材料科學的博士學位，就是想研發出足以供給電動車使用的超級電容器。

Tesla在2008年和2013年時曾瀕臨倒閉，2008年因為電動車Roadster延遲交車，加上技術和安全疑慮，導致已付訂金的客戶取消訂單，倉庫內堆滿有缺陷無法交付的車子，該年又恰好碰上次貸風暴，致使公司毫無資金可周轉。2013年再度出現現金緊縮窘境，當時已支付5,000美元訂金，購買Model S車款的客戶們，在車輛可交貨後縮手，導致Tesla面臨財務危機。

35歲時，馬斯克成立了一間專門發展家用太陽能發電項目的公司SolarCity，業務是太陽能板租賃、系統設計、安裝、施工監督等全面的太陽能服務，為加州、亞利桑那州和奧勒岡州當地五百多個社區提供服務。

馬斯克45歲時又創立一間美國神經科技和腦機介面公司Neurallink，負責研發植入式腦機介面技術。他曾經探討過一個科幻小說概念「neural lace」，即人腦與機器交互，計畫在短期內研發治療嚴重腦部疾病的設備，達到增強人類的目的。

馬斯克在TED上接受專訪首度揭露，Neuralink有可能解決病態性肥胖問題，並在未來十年專注於解決大腦及脊椎損傷。身為神經介面專家的英國新堡大學教授指出，馬斯克近來有關Neuralink的聲明與主張是有可能實現的，而且Neuralink植入晶片比起其他病態性肥胖症的治療更不具侵入性。目前已成功進行猴子實驗，馬斯克希望能盡快嘗試以人類測試，計畫邀請全身或四肢癱瘓的病患測試，人類測試能收集更多數據，如果成功將是醫療界一大突破。

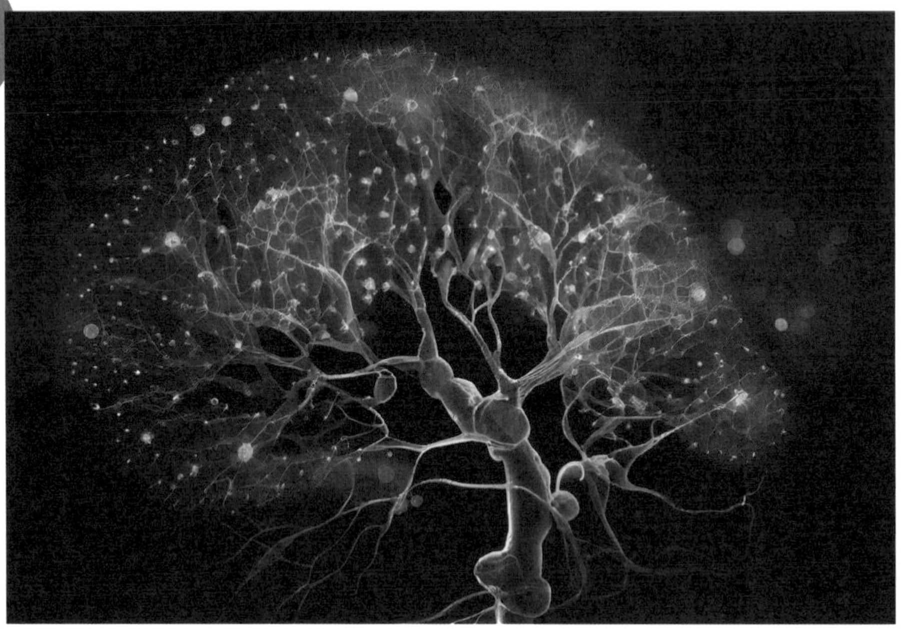

馬斯克表示：「人類面臨被人工智慧超越的風險，但如果人腦能透過與電腦連接得到增強，我們就能夠加入這一旅程。」馬斯克50歲便已成為全球首富，可說是一個現實中的神話。

2 馬斯克的冒險人生

人們常說專注才是唯一的成功之道，但從馬斯克身上可以看出：不要過度相信這個教條。馬斯克非常擅長把學習到的知識加以實踐，把課堂或課本上學到的東西運用到現實中；或把某行業的知識用到其他產業。他的才能不僅涉及經濟學、物理學，還跨足火箭科學、人工智慧、太陽能和新能源等。

馬斯克把目標指向太空時，多次輾轉購買火箭未果後，因而決定自己造火箭。他花了幾個月時間研究航太工業及其背後的物理原理，從航太顧問坎特雷爾和其他朋友那裡借來《火箭推進原理》、《天體動力學基礎》、《燃氣渦輪和火箭推進的空氣動力學》等所有跟火箭及推進器相關的專業書籍，並迅速將這些知識消化吸收，儼然已自修成半個火箭專家，很多人事後得知馬斯克是自學如何製造火箭後，根本不敢相信。

當馬斯克最早開始思考登上火星的時候，有一天突然打電話給航太顧問坎特雷爾，向他介紹自己是一位靠網路起家的億萬富翁，並且大談「要創造跨星球物種」的計畫。馬斯克提議搭乘私人噴射機到坎特雷爾家當面討論，但坎特雷爾拒絕了，因為馬斯克的瘋狂程度，讓坎特雷爾覺得自己必須在一個馬斯克

無法攜帶武器的場所會面。

他們約在鹽湖城的機場貴賓室碰面，馬斯克那狂野的願景也如坎特雷爾所期待地撩人心弦，當下他便對馬斯克說：「我們來組個團隊，然後看看這樣做要花多少錢。」

SpaceX的創始員工之一湯姆·穆勒（Tom Mueller）也常對馬斯克提出的點子有這樣的反應：「有好幾次我覺得他真是瘋了。」在加入馬斯克的團隊前，穆勒是位備感挫折的火箭科學家，覺得自己對於火箭發射引擎設計的熱情和想法，都在公司的繁文縟節中被消耗殆盡，所以他開始在自家車庫裡設計引擎。之後馬斯克找上了他，並且詢問他能否替SpaceX打造便宜但極為可靠的火箭引擎。

當時馬斯克問他：「你覺得我們可以降低多少引擎成本？」

穆勒回他：「大概減少到1/3吧。」

馬斯克說：「我們需要減少到現有成本的1/10。」穆勒覺得這完全是癡人說夢，但沒想到最終研發成果相當接近馬斯克原先期望的數字。

馬斯克曾提過，學習知識最重要的是透過知識樹的方式，確保你理解基礎原理，先建立好樹幹和樹枝，再把之前的樹葉加上去，否則，你無法把他們聯繫在一起。因此，馬斯克在學習中總是確保自己能夠知道大多數事情背後的基礎科學原理或規則，並設法減少他學習新概念的時間，讓他的學習效率最大化。

而馬斯克那永無止境的冒險精神，可能是動盪的童年與他所處的社會機制、商業環境、文化氛圍造就而成。從外部環境看，馬

斯克出生於約翰尼斯堡，在南非東北部的大城市比勒陀利亞長大。

像馬斯克家族這種富裕的白人家庭，他的生活起居由黑人管家細心照料，南非上流社會的生活方式被貼上享樂的標籤，他們總愛舉辦夢幻般的派對，在後院烤著羊排……這裡給人的整體感覺是自由奔放，伴隨著非洲大陸的原始和粗獷。

然而在祥和美景下，卻潛藏著種族主義的迫害情境。馬斯克的童年正值種族隔離最血腥和最令人髮指的年代，索韋托起義（Soweto Uprising）爆發，有數百名黑人學生因抗議白人政府而遇害。

馬斯克在童年時期去國外旅遊時，就已體會到外人是如何看待南非，這也強化了馬斯克在潛意識中對人類需要被拯救的信念。但他從一開始就不只單單考慮南非的迫切需求，而是將全人類視為一個整體，這也是為什麼一個孤僻而笨拙的南非男孩兒，會懷著最大誠意去追尋人類的「集體啟蒙」，造就出現今的事業成就。

骨子裡的冒險基因

從家庭基因來看，馬斯克那特立獨行、愛冒險的行事作風，是因為從小母親放任自流的教育方式，這套教育方式又源自他的外祖父，一位從事過農夫、建築工、牛仔表演者及按摩師等諸多工作的加拿大人。

馬斯克自蹣跚學步就聽著母親講述外公四處冒險的故事：在事業和家庭達到巔峰時，毅然決然離開加拿大，賣掉所有產業，舉家搬遷至陌生且社會動蕩的南非，然後又架著自己組裝的私人飛機飛越數萬公里，從南非到挪威，再輾轉到澳大利亞，直到72歲高齡時因飛機失事，才結束其瘋狂的一生。

在這樣的家庭氛圍薰陶下，造就了馬斯克愛冒險的性格，始終保持著一顆強大的好奇心。他始終相信技術，也不斷想著如何利用技術改善人類生活，從Zip2、PayPal到SpaceX、Tesla、SolarCity……要改變世界，在他看來一秒鐘都不能浪費。

如果五年前你跟其他人討論Tesla和伊隆・馬斯克，知曉的人可能寥寥無幾，但隨著近年環保能源和二氧化碳過度排放不斷被討論，電動車品牌Tesla名聲因而鵲起，馬斯克也越來越為業內人士所熟知。實際上，他其實早已享譽國際，被貼上「技術狂人」和「跨界企業家」的標籤，在美國乃至世界新技術圈內聲名遠播。

其實馬斯克並非Tesla的創辦人，Tesla最初是由矽谷工程師馬丁・艾伯哈德（Martin Eberhard）與他夥伴馬克・塔彭寧（Marc Tarpenning）共同創辦。艾伯哈德的創業靈感來自於停在車庫中的豐田普銳斯（Toyota Prius）和保時捷911車款，他認為在美國市場人們購買普銳斯不是為了節省油費支出，而是希望藉此表達對環境問題的態度，但除了環保意識的提倡外，車主也十分看重車子的性能及駕駛體驗，這才萌生製造電動高性能車的念頭，並取名Tesla，向發明交流電、收音機、雷達等諸多技術的科學界奇才尼古拉・特斯拉（Nikola Tesla）致敬。

最接近上帝的人——尼古拉·特斯拉

1898年，特斯拉（Nikola Tesla，1856—1943）發明了無線遙控技術。1899年成功製造出球狀閃電，次年特斯拉加大對電流的研究控制，在全球範圍首次達成人造閃電效應。

特斯拉幼年時曾遭受過雷擊，生了一場大病。自從那場大病之後，特斯拉彷彿擁有一種神奇的思維方式，能在腦海裡想像出各種發明的輪廓，在發明出來前便能不斷優化設計方案，一生獨自開發並取得專利七百餘種，合作開發達一千種以上，幫忙開發的項目更是數不清。

特斯拉死後，美國國家科學院委託FBI將特斯拉死後所有私人信件、文章全部收歸美國FBI保管。某些科學家意識到特斯拉理論的可行性，為了維護美國國家安全，阻止國外敵對勢力獲取資料，聯合上書當時的美國總統杜魯門，刪除特斯拉的所有研究資料與相關記載。

但即便馬斯克並非Tesla的創始人，他仍是其靈魂人物，在公司面臨倒閉危機，資金嚴重匱乏時，他如天神一般領著Tesla起死回生，並制定出嚴謹的技術開發標準，更注重使用者的性能體驗，並朝高端市場發展，為Tesla重新贏得生機。

馬斯克身為一名以「跨界」聞名世界的企業家，Tesla只是他諸多創業成果其中之一，他具備著多重身分，諸如：世界最大網路支付平台PayPal創始人；SpaceX太空探索技術公司執行長；美國太陽能最大供應商SolarCity董事長，各個都不容小覷，而這些領域的涉略，全源於他大學時期的夢想。

馬斯克上大學時就經常思考，現在世界面臨的真正問題為何？哪些可能影響人類的未來？馬斯克很早就相當看好網路、再生能源、航太科技，他認為石化能源遲早會耗盡，若想解決這個問題，就只能尋找方式將人類送上太空，並登陸火星，然後將燃油汽車全改為電動汽車，以太陽能供應人類生存所需的電能，便不用害怕能源危機所帶來的浩劫，因此他致力於發展PayPal、SpaceX、Tesla和SolarCity。

看到這裡會不會認為馬斯克大學時的志向就十分偉大，那他又是如何遊刃有餘地在這幾個領域中闖關，一步步實現理想，駕馭跨界人生的呢？

前面有提到，馬斯克從小便可被歸類於天才兒童，他在10歲擁有人生第一台電腦，買電腦附贈的程式語言手冊自己學習如何編碼，以自學的方式學會軟體程式設計。12歲時寫出名為「Blastar」遊戲，並以500美元出售。

高中畢業後他移民加拿大，最終夢想是前往美國發展，他曾形容美國是一個把不可能的事情變成可能的地方。1992年終於能站在美國的土地上，順利獲得轉學至賓夕法尼亞大學的機會，並在賓夕法尼亞大學取得物理學和經濟學的雙學士學位，然後繼續攻讀史丹佛大學的博士學位，但只去了兩天便申請退學，準備和弟弟金巴爾共同在網路領域闖出一番事業，磨刀霍霍、躍躍欲試。

馬斯克首次設計的遊戲「Blastar」。

正式朝夢想前進

馬斯克和弟弟拿著父親資助的創業基金，兩人共同創辦一間名為Zip2的軟體公司，他們研發的線上城市導航與指南資訊服務受到許多大公司的關注，兄弟倆將此公司以3.07億美元現金和3,400萬美元股票期權賣給康柏公司，馬斯克個人獲利2,200萬美元，這筆錢讓他能有機會跨入其他更具發展性的領域——線上金融支付平台。

馬斯克成立線上金融服務和電子郵件支付公司X.com，該公司是首批與聯邦保險合作的網路銀行之一。最初幾個月，逾二十萬名用戶加入這項服務，但投資者們普遍認為馬斯克缺乏經驗，因而推舉Intuit公司的比爾‧哈裡斯（Bill Harris）坐上執行長之位，取代馬斯克。

隔年，X.com與網路銀行Confinity合併以避免不必要的競爭，公司執行長由馬斯克擔任。兩家公司合併後，公司規模得以壯大，加快了公司在紐交所上市的進程。不過，公司創始人並沒有等到在紐約證券交易所剪綵的那天。

馬斯克因偏愛使用Microsoft軟體，與公司意見產生分歧、引起爭議，間接導致Confinity創辦人彼得‧泰爾（Peter Thiel）辭職。泰爾走後，公司欠缺一名有凝聚力的領導者，內部也產生一些無法解決的技術問題，董事會因而於2000年9月尋回泰爾，並將馬斯克開除。

在泰爾的帶領下，2001年公司改名為PayPal，2002年eBay以15億美元收購，這個價格在當時相當於eBay總市值的8%，馬斯克作為擁有11.7%股份的第一大股東，收穫甚多。2017年，馬斯克又從PayPal手中買下原公司名稱X.com，但金額並未披露。

事實證明，這單生意十分成功，雙方達到雙贏目的，15億美元為eBay換來一億多名用戶，並在未來十年創造超過200億美元收入。而馬斯克持有的股份收入也讓他能夠再次出擊，朝向全新的航太領域，創辦SpaceX。

2002年1月為美國耶誕節假期，馬斯克飛到巴西里約熱內盧度假。巴西的海灘和日光浴令人著迷，馬斯克與其他前來度假的人一樣，享受著此處帶來的愜意。在海灘上人們能做的事很多，沙灘排球、沙灘足球等，都是巴西人熱愛的運動項目，當然，也有些人會選擇在沙灘上打盹或者跟身旁人聊聊天等等。

那馬斯克在沙灘旁都做了些什麼活動呢？他拿著一本名為《火箭推進基本原理》的書認真研讀。如果你在這樣的環境下看到一個人拿著如此艱澀的書，你會怎麼想？其實，在海灘上看書也沒什麼稀奇的，但大多數人通常是翻翻雜誌或是一些心靈雞湯類的書，看基礎理論類的科研書籍確實有點特立獨行，可是對馬斯克來說，他翻閱的是自己的夢想。

但發射火箭談何容易，更何況在馬斯克的設想中，他希望火箭在完成任務後可以折返地球，由此來縮減太空飛行所產生的開支，為達成此項願景，馬斯克遭遇了一連串的挫折與失敗。

2008年，SpaceX公司研發的獵鷹1號運載火箭，經歷三次發射失敗，把馬斯克當初在PayPal公司獲取的收益消耗殆盡，可謂馬斯克最艱難的時期，他必須向人賒借資金，公司才得以續存，持續運轉起來，他心中明白，如果第四次發射仍失敗，這將意味著什麼。

幸虧皇天不負苦心人，在歷經失敗後終將獲得甜美的果實，獵鷹1號在第四次發射試驗時，成功進入預設軌道，這次的發射震驚了整個航太業，因為SpaceX花費的成本遠低於其他類似企業所支出的成本。

其他一般相對便宜的火箭，發射一次就要花費2,500萬美元，獵鷹1號運載火箭採用部分可重複使用的發射系統，發射一次僅要670萬美元，兩者耗費的資金有著很大的落差。發射成功後，NASA更與SpaceX簽署合約，共同完成太空任務，金援SpaceX的火箭發射，SpaceX迎來新的曙光。

根據獵鷹1號成功發射的經驗，SpaceX隨即投入研究，將可重複使用的火

箭技術更為完善，2010年12月，新推出的獵鷹9號運載火箭升空，這次任務與先前的任務大大的不同，獵鷹9號裝載「天龍號太空船Dragon」（SpaceX所研發的宇宙飛船，用途是運送有效載荷往返太空）發射至地球軌道，在完成預訂工作後返回地球。

此次任務再次震撼航太界，且SpaceX的技術不斷改善，兩年後技術越發成熟，已能承接NASA的太空任務——向國際航空站運送重達500公斤的物資，為人類首次用商業太空船向航空站補給物資。

SpaceX的成績斐然，但馬斯克的航空夢並沒有因此止步，在他規劃的藍圖中，接著要實現的目標為太空旅遊，且要能讓絕大多數的人都負擔得起，實現每個人心中的宇宙夢，他自己還希望能在火星上退休。

SpaceX重要成績

SPACEX

- 2005年1月，SpaceX購買薩裡衛星技術公司股份10%。
- 2006年8月18日，SpaceX宣布獲得NASA商業軌道運輸服務合約，證明他們是一個運送貨物到國際空間站的選項。
- 2008年12月23日，SpaceX宣布獲得價值16億美元的商業補給服務合約，從而保證太空梭在2010年退役後國際空間站補給的任務。
- 2012年8月，與NASA簽署一項大型開發協議，旨在設計下一代載人太空飛行器，於2017年重新啟動美國載人太空計畫。另有二家公司波音和Sierra Nevada也參與了類似的合作。
- SpaceX參與美國火星計畫，美國太空總署下屬的阿姆斯研究中心開發出一個低成本的火星任務，在這一任務中將使用「重型獵鷹」火箭作為發射和火星中途入軌的載體，運送Dragon太空船進入火星大氣層。這項任務目標是尋找生命存在的證據，包括搜索可以證明生命存在的分子。

終結石油時代，電動車首席Tesla

2002年，馬斯克創辦SpaceX，並擔任董事長、執行長、技術長，該公司主要負責太空運輸、航太製造。2004年，馬斯克以A輪投資人的身分加入Tesla成為董事長，並雇用鋰電池專家史特勞貝爾組成公司早期團隊。2007年8月，創始人馬丁・艾伯哈德（Martin Eberhard）宣布辭去執行長之位，同年11月被逐出董事會，轉由麥可・馬克斯（Michael Marks）接任臨時執行長，然後由澤夫・德羅裡（Ze'ev Drori）接任新的執行長。另一位創始人馬克・塔彭寧（Marc Tarpenning）則先後擔任公司財務長、副總裁等職位，一直到2008年，二位創始人先後離開Tesla，2008年10月，馬斯克才上位接下執行長的位子。

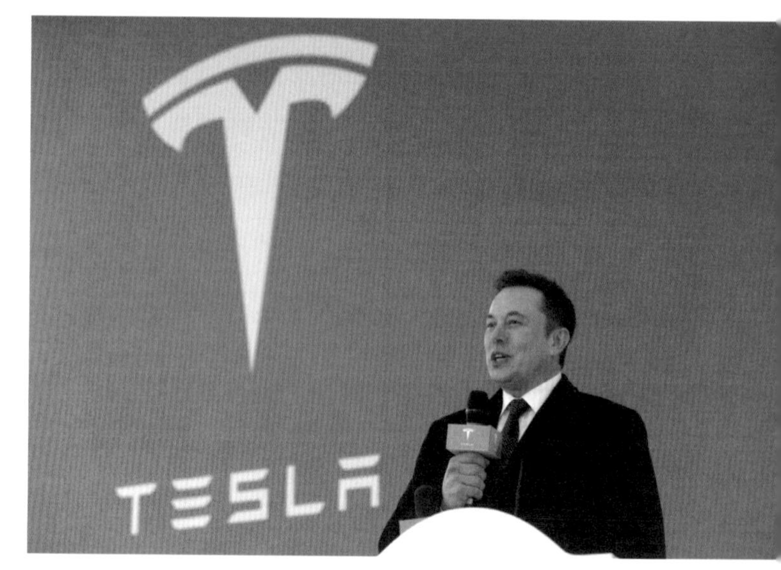

馬斯克曾說2008年是他人生低谷中的最低谷，SpaceX接連三次發射失敗，所有投入的心血及數千萬美元在一瞬間化做火球燃燒殆盡。在馬斯克為了SpaceX發射失敗焦頭爛額的同時，Tesla也因研發成本過高，面臨破產危機，為此馬斯克心力交瘁，蠟燭兩頭燒。

所幸馬斯克扛住此次危機，開始觸底反彈，2010年6月Tesla公司成功IPO，淨募資金約1.84億美元，是繼1956年福特汽車首次發起IPO後，再次進行IPO的汽車製造商，Tesla也成為唯一一間在美國上市的純電動汽車獨立製造商。

因為馬斯克的堅持，為Tesla帶來前所未有的成功，自研發Roadster車款開始，馬斯克就把Tesla定位為高端消費產品，其實這是一個相當「務實」的戰略部署，因為一款相對實用的電動車，其高製造成本是搭載傳統動力的汽車所無法比擬的，且市場上對於電動車也有一定的需求，因為有錢人會透過購買和駕駛電動車來表明自己響應環保的態度，他們不在乎駕駛電動車能為自己節省多少錢，優秀的駕駛體驗和背後替自己帶來的正面形象，才是他們所重視的。

Tesla的Roadster車款。

因此，如果有一輛性能出眾且外型又出色的電動車讓他們選擇，且價格又和跑車差不了太多，那絕大多數的有錢人會認為多這一台車並不會讓自己吃虧，因而選擇人手一台。只能說同樣身為有錢人的馬斯克，將這一想法拿捏的特別準確，他把Tesla推往高端市場，讓高消費族群來消化他們的車，以在新能源領域謀得更高的定位與發展。

不過就Tesla向大眾公布的戰略部署來看，產品只是計畫中的一部分，廣設「超級充電站」才是馬斯克真正的意圖，因為除SpaceX和Tesla之外，他還有另創辦一間太陽能公司SolarCity，主營家用太陽能發電項目，而Tesla的超級充電站及家用充電樁則是SolarCity重點業務之一。

由此或許可以看出一點馬斯克之所以成功的端倪，試問馬斯克為何可以在這幾個領域中遊刃有餘？且發展得都不錯呢？他所跨足的這些領域，看似毫不相關，但其實彼此之間有著高度的戰略意義，環環相扣。

馬斯克一開始踏入網路產業，創立Zip2公司後又創辦X.com，這兩間公司所帶來的財富替他撐起「太空夢」，以那筆財富再創辦了SpaceX，儘管起先面臨多次的失敗，在夢境即將驚醒之際，發射終於取得成功，也讓SpaceX獲得與NASA的合約，其專利研發出來的可重複性使用火箭技術，成為人類探索太空、推進太空領域的關鍵，馬斯克也因此披上傳奇人物的榮耀戰袍。

馬斯克曾在TED接受專訪時，談到這些創業背後的動機，可以發現除了早期在程式設計領域展現的才華外，他擅長的還有在大學學到的「物理」領域，他對能源科技的著迷程度，促使他達成現今的成就——電動車工業的 Tesla 以及太空工業的 SpaceX。

或許也正因為相同的驅動力，馬斯克才會又參與 SolarCity 這個太陽能公司的創建工作，他們為一般住家裝上太陽能板，讓屋主租用，透過發電慢慢回收這些投資。

馬斯克也持續發展，再度提出一個令人耳目一新的「超迴路列車」（Hyperloop）計畫，企圖建造一種結合「協和號飛機、磁軌炮、空氣曲棍球桌」原理的全新交通運輸系統，預計時速可達 1,102 公里。他認為超迴路列車會成為汽車、飛機、火車、船之外的第五大交通支柱，且超迴路列車可自行利用太陽能發電，需要的能源不多，還能產生電力提供給電廠使用。

如果開公司提供太空服務都是可能的，那麼創建時速 1,000 公里以上邊開還能邊發電的「超迴路列車」又有甚麼不可能呢？不得不說馬斯克總是一次又一次的讓眾人感到驚奇，未來如果他真的像鋼鐵人那樣在胸腔裝設核反應爐，筆者想大家應該也不會過於感到驚訝。

3 最具話題的人物，許下最大膽的願景

常說夢想總是在不經意處萌芽，又有誰會想到人類實現太空探索的起點，竟萌芽於一本科幻小說？馬斯克對宇宙的好奇和執念就是由此點燃，他要把人類送上火星，真正實現翱翔於星際間的夢想。

世界上大概很少人可以跟馬斯克一樣，他的頭銜很多，好比SpaceX創辦人、Tesla董事長、SolarCity創辦人、Twitter執行長，現在更有世界首富的新頭銜。他絕對屬於幾千年一遇的天才創業家，僅用了十年，便在金融、航太、運輸到能源領域創立四間獨角獸企業，也成功投資一系列公司，將多重任務處理技能發揮到極致。

身為全球首富的馬斯克，隨手一則推文都能撼動股市，但有時內容又滑稽地讓人摸不著頭緒，馬斯克究竟是人還是神？他在社群媒體Twitter擁有超過一億名追蹤者，以身價1,950億美元，首度登上財富榜榜首。

哈佛大學歷史學者雷波爾（Jill Lepore）這樣形容馬斯克：「生活聽來像是虛構人物、漫畫中的超級英雄，他提出移民火星計畫，研發製造可植入大腦的晶片，還有一位名為X的孩子。」雷波爾接著說：「每一件事情都是X，聽起來很性感、很神祕……X是科幻小說最愛的字母。人們對馬斯克很著迷，愛或恨馬斯克的人都為他著迷。」雷波爾說，可能是因為馬斯克太過耀眼，以至讓人忘記他也是凡人。

從網路公司到電動汽車，馬斯克吸引了全世界的想像力。有些人愛他，有些人恨他；但每個人都想知道他下一步要做什麼，就連筆者也時常感到好奇。

馬斯克認為自己是一名夢想家，而非投資人。他說，每天早上讓他起床的動力是對解決技術問題的渴望，而他衡量自己進步的標準正是這種渴望，而非銀行裡的數字有多少。他知道，每當自己克服一個障礙，等於是幫助其他正試圖解決同樣問題的人，而且是一勞永逸的。正因為這樣，他也宣布未來會開放所有Tesla的專利，加快全世界電動汽車的發展，他的夢想從不只是為自己。

美國《Time》雜誌將馬斯克評為2021年度風雲人物，稱其影響力超越地球、延伸太空，尤其對地球生命、外星生命產生的影響，甚至沒有人能與之相提並論。《Time》用這些詞形容馬斯克：小丑、天才、領袖、有遠見的人、實業家、表演者、無賴，並集結愛迪生（Thomas Alva Edison）、巴納姆（P. T. Barnum，現代公關之父）、卡內基（Dale Carnegie）和曼哈頓博士（DC漫畫虛構的超級英雄）的瘋狂混合體。

被稱為「現代版鋼鐵人」的馬斯克，創辦了X.com，之後更名為PayPal，以15億美元賣給eBay，拿著這筆資金根據股份數所獲得的配額，開始實踐他前進太空的偉大理想。他曾坦言有SpaceX和Tesla後，一個星期大約有80到100小時都在工作！

人們總渴望追隨放蕩不羈、幽默風趣，多金又有權勢的人，而馬斯克又恰恰好屬於這類人，實現各個天馬行空的概念，讓他更被世人所推崇，稱為傳奇性人物。馬斯克的「自我神祕化」（self-mystification）看似每個點子都出自他大腦的原創，征服太空和拯救人類的科幻小說好久以前就有，但馬斯克把這些變成真實生活的一部分，形成既迷人又危險的氛圍，同時具啟發性，讓人為之欽佩。據網路媒體報導，Tesla早期的公關策略不做廣告，靠著宣傳馬斯克的點子，就能來推銷電動車產品，可見他是多麼具有指標性的人物。

馬斯克和許多科技領袖一樣自學程式，12歲時將自己開發的遊戲軟體以500美元賣出，但馬斯克的特別之處，在於他對閱讀的熱愛，他曾說：「我一度把學校圖書館和社區圖書館的藏書都讀完，還曾試圖說服館員為了我多訂一些書。」前面有提到《魔戒》、《基地》系列和《怒月》都是他喜歡的書，而其中，英國作家道格拉斯．亞當斯（Douglas Adams）的《銀河系漫遊指南》更是他的最愛。

這部科幻小說中提到，在幾百萬年前，超智慧生物老鼠建造一部超級電腦，想知道「生命、宇宙以及萬事萬物」的終極答案究竟是什麼。經過長時間的計算，超級電腦得出答案是「42」，但這部超級電腦只能算出答案，原因必須由另一部更高智慧的電腦解釋，而這部電腦就是——地球。

1979年出版的《銀河系漫遊指南》。

《銀河系漫遊指南》在科技迷心中一直是經典著作，更啟蒙了馬斯克對於宇宙源源不絕的好奇和執念，先前他在社交網站Reddit上接受網友提問時，還曾以這部小說裡的梗，幽默回應。

高中畢業馬斯克移民至加拿大讀書，兩年後轉往美國賓夕法尼亞大學攻讀經濟學位和物理學士學位。後來，他又到加州史丹佛大學讀應用物理和材料科學博士，雖然僅入學兩天就毅然決然地輟學。

多年後接受採訪時，他說自己在皇后大學和賓夕法尼亞大學時，已經開始思考未來世界的發展為何。而他從這個思索過程中得到的答案是：網路、再生能源和太空。馬斯克認為，這是未來幾年會出現重大變革的領域，也是他的興趣所在，這絕對是他可以發揮力量、創造改變的戰場。「我在大學時，就認真在想這件事。」他說，「我不是個做投資的人，我喜歡把我認為對未來重要的且在某些方面有用的技術，變成現實。」

 第一次進入戰場便大獲全勝

馬斯克初次創辦Zip2公司，康柏公司便高價收購，馬斯克賺得2,200萬美元，然後他轉戰網路金融，創辦線上支付公司X.com，之後又與另一間公司合併，改名為PayPal，2002年時PayPal以15億賣給eBay，馬斯克從此次收購中淨賺2.5億美元，年紀輕輕便成為億萬富翁。

但賺得盆滿缽滿的馬斯克，不甘願止步於此，決定拿這筆錢投入下一波豪賭之中，創立SpaceX跨入航太業。

馬斯克曾經自嘲：「我常被人們笑說：『你聽過一個人從太空事業得到小小財富的笑話嗎？而且他是從一大筆財富開始的！』而我會告訴這些人，我就是在尋找一個方法，能夠把一筆大財富快速地燒光。」

相較於PayPal，馬斯克在31歲成立的SpaceX，在當時看來根本就是一個瘋狂又不切實際的主意，航太之所以難以跨入，主要是因為火箭升空後，這些造價高昂的發射器就報廢了。可是馬斯克相信只要建造出可重複使用的火箭，太空探索的成本就能夠下降。

但就如眾人所料，SpaceX的起步並不順利，前幾次試射可謂一場糊塗，且這段期間馬斯克不僅與第一任妻子離婚，公司財務又出現龐大黑洞，不論私生活還是工作都來到最低谷，所幸SpaceX第四次發射成功到達太空軌道，成為第一個完成這項任務的私人研發火箭，之後又和NASA簽立合約，開發載人的太空船，而取得這個勝利，馬斯克花了整整八年。

馬斯克打破了太空探索進步緩慢的「行規」，一次又一次挑戰不可能的任務，在事必躬親的強勢帶領下，馬斯克帶領SpaceX一群有志一同的太空狂熱分子，一次又一次打破太空行業既有的觀念，不但成功將火箭發射商業化，也

大幅降低火箭發射的費用，把長久以來食古不化的航太產業改造為可以商業營運的模式，SpaceX也因此堪稱近代航太產業最具革命性的企業。

馬斯克的前妻潔絲汀曾在網路上發表一篇文章，提到她對馬斯克的觀察：「極度的成功來自一種極端的個性，而且要在許多方面付出代價。這些人往往是怪胎而且不適應社會，被迫以一種極具挑戰的方式探索著世界。其他人會認為他們在某種程度上是瘋了。」她說：「而極度成功的唯一元素，就是沉迷、沉迷、沉迷。」

且馬斯克對太空的夢想並不止於發射火箭，他還想去更遠的地方，在創立SpaceX前就曾有過移民至火星的構想，他也說過，除了想在火星上退休外，如果可以選擇死亡地點，死在火星上也很不錯。

早在2001年，馬斯克就提出「火星綠洲」（Mars Oasis）概念，即在火星設置一個迷你實驗溫室，企圖重燃大眾對探索太空的興趣。但他深知，探索火星的計畫還需充沛的預算，火箭技術也必須再突破，2011年他曾在接受華爾街日報專訪時首次喊出：將在十年到二十年內將人類送上火星的宣言。

之後2016年，馬斯克在墨西哥舉辦一場航太研討會，在眾人驚異和興奮的目光注視下，公開發表自己的火星殖民計畫，闡述其移民火星夢想的根本原因，即「雞蛋不要放在同一個籃子裡」，以免人類文明遭遇天災人禍的重大災變。

馬斯克表示，「歷史將會沿著兩個方向分岔，一條路是我們永遠待在地球，然後最終發生某種（人類）滅絕的事件，不然就是（人類文明）成為一個太空探索文明（a spacefaring civilization）與一個多星球的種族（a multi-planet species）」，他認為後者才是人類「要走的那條正確道路」。

SpaceX官方網站上，馬斯克用一段文字描述自己對探索火星的情懷。他寫道：「你想在晨間醒來，思索未來將很美好，而太空探索文明就是那麼回事。它是關於相信未來，並認為將來會比過去更好的信念。我無法想像還有什麼比上太空徜徉於繁星間更令人興奮。」

馬斯克計畫在2050年前，送百萬人上火星，在這顆「紅色星球」上建立一座百萬人的城市，即一個永久殖民地。交通工具則是一種高聳、能重複使用的太空船「星艦」（Starship）。馬斯克估計需要一整支星艦艦隊，目標以十年時間建造一千艘，即每年一百艘。每天平均發射三艘，每艘約可搭載一百名乘客，讓所有人都可以來一趟火星之旅。他還希望這一千艘星艦每年可將一百兆公噸的物資運至火星。

他說若要實現太空之旅，要先打造出一艘可以乘載百人的太空船，運用可回收火箭推進器，把這艘太空船推送到預定軌道後，火箭先返回地球補充前往火星的燃料，再發射至太空完成火星任務。馬斯克要運送人類上火星，預計一趟火星之旅需要二個月至半年，可是這趟旅程的風險非常高，無法保證可以活下來，所以計畫徵求的都是志願者。

「我認為這對未來非常重要，我們最終可以暢遊於星際間。」對於火星殖民計畫，馬斯克還說：「我們不要成為依賴單一星球的物種，然後在不同星球間遷徙。我們應該成為多星球物種，讓生命不再局限於太陽系，最終到達其他星系，這樣的未來振奮人心。」

「我們需要這樣的事情，讓自己每天早上開心地醒來。因為生活不只是為了解決問題，還應該讓你樂於活著。」對馬斯克來說，生活是為了追尋更永恆的存在，過程中的挫折和苦澀，不足以嚇跑他，金錢也只是完成夢想的工具而已。

身為馬斯克好友的Google創辦人賴瑞‧佩吉，認為馬斯克就是一心看著目標的人。佩吉曾說：「矽谷或一般企業領導人通常都不缺錢。如果你擁有花都花不完的財富，幹嘛還要花時間在一個吃力不討好的事業上呢？這是為什麼我覺得伊隆是個格外鼓舞人心的例子。他說：『好吧，我在這個世界上真正該做的是什麼呢？是解決車子問題、全球溫室效應和讓人類成為多星球公民。』我認為他說的那些目標是相當令人信服的。現在他手下幾家公司全都在實現這些理想。」

火箭正在建造，SpaceX的火星城市計畫成形尚需要一段很長的時間，但馬斯克仍信念堅定地向全世界昭告：「火星，我們來了。」

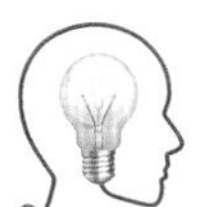

運輸、能源產業也被他顛覆

除了航太外，運輸和能源也是馬斯克傾注心力的領域。當年，他之所以到史丹佛攻讀博士學位，就是想研發出供電動汽車使用的超級電容器，無奈他為了早日踏入市場，僅上了兩天課便休學，但馬斯克並沒有因此忘了這個計畫，於日後入主Tesla，成為他改變汽車產業的工具，雖然起初的獲利表現不佳，還面臨破產危機，但近年已逐漸站穩腳步，公司市值也一飛衝天。

Tesla旗下的電動車開發已趨於成熟，市場反饋也相當良好，現在漸漸將研發目標轉為無人的自動駕駛，馬斯克先前曾公開說過：「就像馬現在已不會再被當成首要的交通工具一般，未來手動駕駛的汽車也會漸漸被視為不切實際的次級品，脫離主流。」

他更預言六年後自動駕駛的無人車安全性將高出手動駕駛十倍，十五至二十年後會全部車輛皆改為全自動行駛的汽車。馬斯克對Tesla充滿信心，其無人車技術的開發速度領先其他競爭對手，現今Tesla車款內附的自動駕駛功能雖有些爭議，但仍優於其他品牌，廣義來說，確實已是電動車界的龍頭。

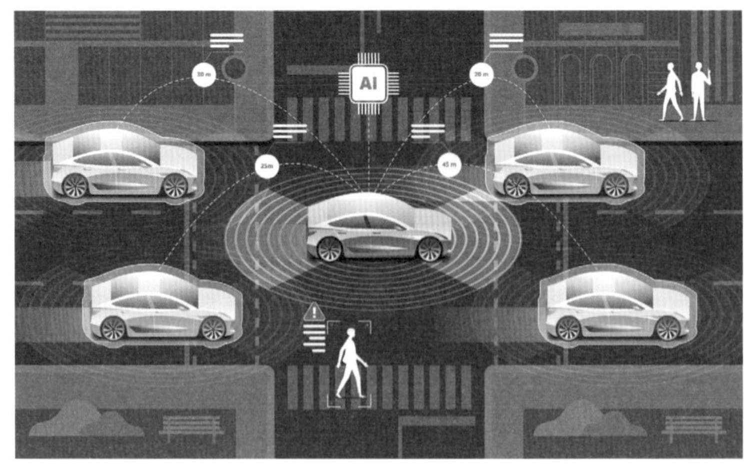

2008年馬斯克和表兄弟林登·賴夫（Lyndon Rive）和彼得·賴夫（Peter Rive）共同創立SolarCity，營運初期便成為家用太陽能發電項目龍頭，提供多項全面的服務，包括安裝、系統設計、融資及施工監督，發展家用太陽能發電專案。

因為馬斯克相信在未來二十年內，太陽能將會成為最主要的發電來源。不過，成立數年來，公司收入和債務不成正比，根據彭博社的數據，SolarCity只有15億美元收入，卻累積了高達33.5億美元的債務。

但馬斯克並未因此收手，更以Tesla名義出價28億美元收購SolarCity，為他的帝國增加一塊「能源」新圈地，擴建事業版圖，SolarCity的加入，也讓Tesla成為全球唯一一間垂直一體化能源的公司。

公司不賺錢，但為了心中的抱負還是努力撐下去，這種模式似乎可以套用在馬斯克的每一個事業，從谷底反彈、一躍翻盤。馬斯克自己也非常清楚這一點，Tesla正式收購SolarCity之前，便向投資者宣言：「當年人們曾一度質疑Tesla製造電動車的實力，但後來幾個月內爆量的訂單，讓這些言論消失的無影無蹤，那些曾經質疑Tesla沒有盈利能力的人，最近也沒了聲音。所以，對於那些唱衰太陽能與電池設備的人，你還相信他們的話嗎？」

對於馬斯克這樣一位堅持不懈，渾身充滿抱負的夢想家，他說的話似乎也很難讓人不信服，就像他常被引用的那句話：「失敗是一個選擇，如果事情沒有失敗，那就代表你還不夠創新。」這句話讓追隨者願意跟著他跌跌撞撞，但依舊堅持、持續前進，讓追隨者甘願跟他一起探尋生命、宇宙及萬事萬物的終極答案。

1999年，馬斯克成立了支付平台PayPal的前身X.com，2002年eBay用15億美元收購，馬斯克擁有其中11.7%的股份，折現約有2.5億美元，他本可以拿著數億美元過舒適的富豪生活，但他沒有這樣做，反而是把身心與「賭注」全押在兩個新公司上——分別為降低火箭發射成本的SpaceX和創造新型電動汽車的Tesla。

且馬斯克在eBay進行收購的前四個月，便早已布局規劃SpaceX，拿到收購案的錢之後，就馬上挹注了1億美元到SpaceX，讓研發資金更為充裕，希望能將火箭發射的成本降至商業航太發射市場的1/10，並許下移民火星的承諾。

錢燒得很快，成果卻遙遙無期。2008年是馬斯克的最低谷，SpaceX火箭發射計畫連三次失敗，數千萬美元的投入化為爆炸的大火球，Tesla也因研發成本過高瀕臨破產。第一段婚姻也在那時亮起紅燈，心力交瘁的他為了挽救困局而傾其所有，將身上僅存的300萬美元支票注入公司，最艱難的時候所有的錢都得和朋友借，包括房租。

「有一瞬間，我覺得自己失去所有的東西，婚姻、公司全都完蛋了。」他說。所幸2010年6月，Tesla在納斯達克上市，在上市前幾天，《紐約時報》還爆出馬斯克瀕臨破產的報導，正式上市後，馬斯克力挽狂瀾地賺進6.3億美元，兩間公司也先後取得巨大的成功，SpaceX成功研製獵鷹1號，將火箭發射費降到600萬美元；Tesla成功研發出新型電動汽車，並順利量產。

馬斯克曾在接受採訪時說過，他創辦SpaceX的初衷，並不單單是因為自己熱愛宇宙，也不是因為它的投資報酬率高，而是因為他認為這對人類的未來發展有所裨益，若能完成自己的夢想，又對人類社會有幫助，那何樂而不為呢？

馬斯克的朋友們評價他是個目標明確的人，習慣用工程師的視角看世界。馬斯克自己也坦承將所有的未來孤注一擲地賭在火箭和電動車上很冒險，但如果不這麼投入，才是最大的冒險！

4 從破產邊緣到重回顛峰

漫威電影裡「鋼鐵人」原型、社交媒體上的失控言論、用二十年不到的時間帶領Tesla拿下電動車市占第一，這些都是馬斯克的各種面向，你可能會想：馬斯克的腦袋到底在想什麼，為何能有此番成就？

《聖經·創世紀》裡，上帝向諾亞一家預告洪水氾濫，要諾亞先建一艘大船，帶著動物和食物上船，以避免洪水導致物種滅絕。馬斯克某方面來說，就好比現代版的「諾亞方舟」建造者，預見地球資源有限，因而加速發展替代能源電動車、太陽能；又為實現星際旅行，致力於降低探索宇宙的飛行成本，所以絞盡腦汁地發明出可回收的火箭。

誠如前文所述，馬斯克自己也認為做這些不是為了賺大錢，只是為了替人類文明保留一條出路，他也因此被稱為繼賈伯斯之後的狂人、夢想家，創造未來者！

不畏困難，堅持初衷，創造輝煌

馬斯克的傳奇故事還未結束，他仍持續創造著更偉大、無人能超越的人生，除SpaceX外，還有眾所皆知的Tesla。馬斯克的成功和失敗都發生在37歲這一年，他在2008年時創辦SpaceX，無奈接連三次火箭試射失敗，每一次失敗都代表著又燒掉逾600萬美元，再大的金庫也有被燒完的一天；Tesla也因為研發成本過高、安全疑慮，第一款電動車Roadster延遲交車，導致已付訂金客戶先後取消訂單，倉庫內堆滿有著缺陷無法交付的車子。

且2008年正逢美國次貸風暴，美國投資銀行雷曼兄弟申請破產，金融市場全面崩盤，這場金融海嘯讓信貸市場凍結，Tesla資金只夠付幾週工資，如果SpaceX第四次試射再次失敗，這意味著將沒有任何資金能夠挹注，那這樣兩家公司都會撐不下去、面臨破產。且馬斯克早已經把他從eBay收購PayPal分得的2.5億美元全投入其中，「那的確是我生命中最糟糕的一年」他在接受採訪時如此說道。

終於，SpaceX「獵鷹1號」第四次的發射成功替他帶來一絲曙光，「就在聖誕節那週，NASA打電話給我，說這次的發射成功，讓SpaceX取得一紙15億美元的商業合作合約。」且在聖誕夜那天，Tesla的投資者也鬆口同意提供更多資金，馬斯克說這是他收過最好的聖誕禮物，拯救SpaceX和Tesla，更拯救了自己。

至於在汽車業，之前只要有人試圖在美國創辦汽車公司，一定會有人在旁提醒到：這個產業最近一次成功打入市場者距今已近百年，那就是1925年成立的克萊斯勒（Chrysler），可見想要撼動成熟穩定的汽車產業是件多困難的一件事，且馬斯克開闢的還是電動車市場，其規模和大眾接受程度在當時來說都是未知數。

但馬斯克辦到了，2008年接下執行長之位，如今Tesla已是全球市占第一的電動車品牌，在全球賣出超過九十萬輛電動車，根據國際能源總署（IEA）發表之《全球電動車展望》，全球新銷售電動車約六百六十萬輛，Tesla就佔了近1/6。

雖然目前電動車銷量僅占全球整體汽車銷量10%，但市場研究公司

Canalys及《日經中文網》的資料顯示，Tesla其實已經在這個領域打敗傳統汽車大廠福斯、BMW、豐田等。

馬斯克在《60分鐘》的節目中，主持人問：「你似乎很容易引起質疑，為什麼呢？」他回：「我認為，是因為我做的都是看起來似乎不可能成功的事，但很幸運到目前為止，都成功了。」儘管成績斐然，質疑的聲音卻從來沒停過，倍受眾人檢視，但馬斯克並沒有因此而卻步，反而越走越大膽，步伐也邁得越來越大。

2014年，馬斯克在南加大馬歇爾商學院畢業演講上提出創業建議：「你必須要在噪音中找到信號。」他表示，很多公司陷入困惑，是因為他們投入大量資金，卻無法讓產品更好，Tesla從不把錢花在廣告上，而是選擇把錢花在產品研發和製造設計，甚至還裁撤公關部門。

一般企業只要成長到一定的規模，就會設立公關部門，與媒體互動、維繫好關係，也能透過雙向溝通將企業品牌理念傳達給社會，最終獲得大眾支持。但Tesla卻解散美國總部的核心公關部門，成為第一家不與媒體打交道的車廠，僅在歐洲和亞洲地區保留一些公關人員。現在，記者們想從Tesla獲得「官方」回應的唯一管道，只剩下執行長馬斯克，且主要是在Twitter上。

一直以來，Tesla都以不同尋常且又非典型的企業策略、行事方式「特立獨行」，再加上馬斯克本就離經叛道的個性，他也曾說：「每一家公司都應該不斷思考，你所投入的努力和付出有沒有帶來更好的產品和服務，如果沒有，你就該停止。」近年Tesla對外的公關策略表現似乎便是如此，所以他們大膽地做出這一步，好像也不讓人意外。

即使失敗，仍持續嘗試

馬斯克除了將心力放在電動車和火箭外，也相當熱衷於社交網站Twitter，他在Twitter上的言論都相當犀利，一下嫌Tesla股價太高，致使公司市值立刻蒸發140億美元，愚人節則釋出Tesla破產的謊話，更在Twitter上和俄羅斯總統普丁、美國前總統川普、Amazon創辦人貝佐斯隔空交戰，另也公開支持虛擬貨幣狗狗幣（Dogecoin），也問網友該不該買下Twitter（而他也真的收購了Twitter），大玩鄉民梗和迷因圖，回答網友提問。如果說他根本寄居Twitter、用社交網站治理公司、一推千金可能也不為過，況且他現在真的是Twitter執行長，靠著它來賺錢。

2022年4月14日，馬斯克提議以430億美元的價格收購社群媒體公司Twitter，在此之前他便以26.4億美元的價格收購Twitter 9.1%的股份，且在馬斯克意圖收購前，他就曾接受Twitter公司的邀請加入董事會。

之後，Twitter宣布接受馬斯克提出的430億美元收購提議，但收購過程波折不斷，馬斯克一度宣布取消收購，之後又表示按原報價進行收購，最後終於以440億美元買下Twitter。馬斯克身為Twitter的重度使用者，現在將他買下似乎也屬正常，且早在2017年時，就曾有人建議馬斯克收購Twitter，他對此還回應「多少錢？」。

《華爾街日報》曾分析馬斯克的推文，他的第一則推文發表於 2010 年，2011 年底開始再次發文，之後幾乎每個整點都有推文發表，等於一天平均發送十二則貼文，也有媒體戲稱，裁撤掉公關部門的Tesla，現在對外聯繫唯一窗口就是馬斯克的Twitter帳號。

現在馬斯克正式成為Twitter新老闆，已透露他的瘋狂計畫，發推文稱：「收購Twitter是為了打造X──全功能APP的加速器。」這個APP計畫編寫為十項全能的應用程式，統整社群、訊息傳遞、數位支付、遊戲、電商等用戶黏著度較高的全方位功能。

考量到馬斯克曾公開稱讚微信和TikTok，是「Twitter可參考的社群媒體模型」，不少媒體推測，「X」可能會成為美國版的微信。在中國，微信也幾乎壟斷了大眾食衣住行育樂的需求，只要一個APP就能滿足一切。以台灣來說，LINE可能是比較接近的例子，在LINE介面上可以傳訊息、看新聞（LINE Today）、短影音社群（LINE Vroom）、行動支付（LINE Bank）、叫車（LINE Taxi），LINE也布局元宇宙，推出NFT平台。

APP「X」將如何呈現，眼下還是個問號，不過馬斯克信誓旦旦地認為，這場交易會加速這款全能APP問世。只是外界好奇，馬斯克未來是要將Twitter改名成「X」呢？還是以Twitter的品牌及技術能力開發一款新APP ？他透露，起碼要等三至五年，這款超級APP才能問世。

另外，Twitter易主一定也會帶來產品面、管理面上的大革新。在產品面，馬斯克曾說想要利用Twitter實現言論自由，並且希望改革Twitter一直以來依賴廣告、營收不佳的財務狀況，試圖以訂閱制的方式提升用戶含金量，不僅可以改善Twitter現有服務品質，更期待可在2028年達到營收成長四倍的願景。

在馬斯克積極推動收購Twitter的同時，他也申請成立三間新公司，全都以X Holdings 為名，可能之後會加以合併，完成整個私有化程序，以開創新可能，將旗下幾間公司全整合到一間母公司。就像Google於2015年成立母公司Alphabet來整合所有的品牌和服務，因此Tesla、SpaceX、The Boring Company和Neuralink都可能變成X Holdings的子公司。

你可能會想現在已完成收購，但又沒有看到馬斯克有任何動作，但這個推測絕非空穴來風，馬斯克目前就是「X.com」網域的擁有者；2012年，他曾討論創造母公司概念，2020年也在Twitter上發過謎樣推文：「『X』was a『good idea』.」他接受TED訪問時，也討論過成立母公司，當時馬斯克認為這非常「複雜」，因為Tesla是公開上市公司，而SpaceX、Neuralink和Boring Company的投資者來源又非常不同，要整合並不容易。

如果參考Google和Alphabet模式，那勢必要先重整Tesla組織，然後還要將另外三間未上市的公司從股東手上買回來，SpaceX現在估值與自家太空船一樣衝上宇宙，另外兩家公司也不容小看，因此，馬斯克說：「要把這些東西全合併，真的不容易。」

不管外界對他的評價是正面還是反面，馬斯克的確靠自己的雙手闖出一片天。他首次創業，和眾多矽谷出身的科技新創業者很像，1995年和弟弟租了一間破舊的辦公室創了線上黃頁公司Zip2，沒錢租房就睡在公司，創立Zip2不脫網路必須架構在實體基礎上的範疇，馬斯克除事必躬親設計程式以外，也展現過人的行銷能力，將Zip2由店家對消費者的傳統黃頁營業模式，轉化為報社等主流媒體蒐集資訊的重要媒介，讓Zip2業績起飛。在陸續吸引新的投資資金後，這間網路公司迅速發展，之後被康柏電腦高價收購，這也讓馬斯克瞬間成為坐擁2,200萬美元資產的富翁。但他才剛拿到錢，轉身就把賺到的2,200萬美元投入線上金融X.com（PayPal前身），之後與其他公司合作，更名為PayPal賣給eBay，又獲得一筆投入電動車和火箭的資金。每一次創業，都在挑戰更艱難的事，但都是他自己想建造的產品，而不是跟著技術或產業趨勢，取得商業機會。

「如果一件事足夠重要，即使你可能會失敗，也要嘗試。」馬斯克表示，一開始他也不認為Tesla會成功，但仍值得一試。SpaceX連續三次試飛火箭失敗他也沒想過放棄，「我從不放棄，除非我死或是喪失行動能力。」馬斯克說。

而近期以迅雷不及掩耳的速度，席捲全球各個角落的AI聊天機器人服務ChatGPT，其實跟馬斯克也有一些淵源，ChatGPT是由一家員工數僅三百餘人，位於美國舊金山的新創公司OpenAI所推出。OpenAI於2015年由馬斯克和全球知名創業加速器Y Combinator前總裁阿特曼（Sam Altman）等共同創立，但在2018年時，馬斯克考量到Tesla的自駕技術發展與Open AI日後可能會衍生利益衝突，需要時間經營自己底下的企業，因而退出OpenAI董事會。

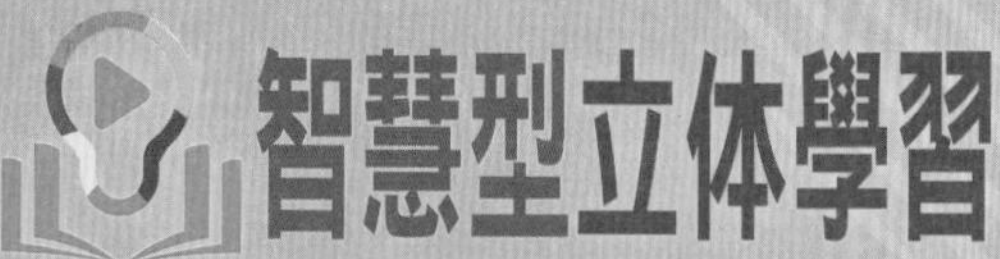
智慧型立体學習

橋和站
板南路
366
巷
橋安街
郵局
中和中山路二段
中和 COSTCO

中和站

Part 2

首富思維：第一性原理

FIRST PRINCIPLE

THE RICHEST MAN'S THINKING.

1 活用物理學，縱橫商業界

馬斯克是位敢想別人所不敢想，敢做別人所不敢做的科技狂人，看似不囿於傳統的經營方式，卻是源自於嚴謹理性的物理學原理……抬頭望向天空，如果擁有天眼，可以發現距離地球三‧五萬公里到二百公里，布滿二‧五萬顆人造衛星，可謂星光閃閃。未來隨著全球企業的競相追逐，環繞地球的低軌道衛星數量將快速增長，美國衛星產業協會更估計到2029年，商業衛星的數量將超過十萬顆。

建置低軌道衛星是通訊產業的新藍海，比起傳統高軌道衛星的好處是低成本、低耗損、低延遲、高寬頻、無死角，不受地形限制，覆蓋面積廣，可服務於鄉村、荒野、森林、極地、海洋等偏遠地區，與5G及光纖相互補，有助編織起串連海、陸、空的立體無縫通訊網絡，這也是各國財團一窩蜂投入龐大資金的主因。

在所有組建太空衛星浪潮的領航者中，又以馬斯克所創立的SpaceX最被看好、最受大眾矚目，自從2019年5月使用獵鷹9號火箭，首次將第一批六十顆衛星發射升空開始，SpaceX已成功在地球軌道放上近二千四百顆星鏈衛星（Starlink）。

星鏈是SpaceX計畫推出的一項透過低軌道衛星群，提供覆蓋全球的高速網際網路存取服務，截至2022年，星鏈服務已可在三十六個國家和地區使用。目前美國聯邦通訊委員會也同意

SpaceX可部署一‧二萬顆低軌道衛星，但SpaceX預計再申請三萬顆第二代衛星部署計畫，如若通過，將會有四‧二萬顆SpaceX的星鏈衛星閃耀、飛翔於天空。

姑且不論馬斯克的星鏈計畫是否成功，他能夠在短短三年間成功部署二千多顆衛星，依舊是劃時代的成就，等於平均每天要部署二顆，那為什麼SpaceX能做到別人無法做到的事情呢？

這項計畫不單美國其他頂尖航太公司難以匹敵，就連俄羅斯、中國這樣航太大國亦無法望其項背。馬斯克是星鏈計畫背後的靈魂人物，如果沒有他個人獨特的思考模式來推動SpaceX的話，現有低成本、可回收、高承載的衛星部署，就不可能這麼快實現，有可能仍在傳統高投資、低報酬、不能重複使用的火箭發射情境下緩步前行。

據調查，可回收火箭技術的快速發展及批量生產技術的實現，使衛星發射成本得以大幅降低，和十年前比起來只有原來的1/5。此外，比起1980年代每公斤發射成本8.5萬美元，現今星鏈計畫只要1,410美元，其他競爭者仍要價高達5,000美元，顯然無法與SpaceX相抗衡。

馬斯克曾表示其火箭助推器可以重複回收使用一百次，據估計，發射一枚獵鷹9號火箭的費用是6,200萬美元，不斷重複使用的助推器可為SpaceX節省3,700萬美元的製造成本，佔火箭總成本的60%之多，所以回收火箭確實能夠大幅降低航空成本。且一枚獵鷹9號火箭可搭載一百四十三顆衛星是SpaceX破記錄的創舉，可見經由馬斯克不斷地努力突破，航太工業正在發生結構性的轉變與革新。

勇於顛覆產業常規的特質，使得馬斯克成為繼賈伯斯後最受大眾矚目的傳奇性人物，同樣成就非凡；同樣備受爭議；同樣不流於世俗；同樣脾氣暴躁。不過如果單從產業布局的角度分析，賈伯斯僅以電腦相關產業作為發展主軸，馬斯克則顯得廣泛許多，其投資的領域橫跨虛擬貨幣、支付工具、電動汽車、航太科技、人工智慧、腦機介面（Neuralink）、太陽能、磁浮列車，顯然馬斯克並不理會管理學建議企業不宜過度多角化的論述，但維持跨領域的經營形態最終會不會埋下馬斯克失敗的伏筆，也相當值得探討。

當初馬斯克創辦太空探索公司SpaceX時，朋友們都認為他瘋了，馬斯克才剛從轉手第二家公司PayPal中賺了2.5億美元，他就馬上就把大部分賺到的錢押在SpaceX。「你會失敗的！」他的朋友們說，眾人都相當不看好地警告他：「你會輸掉從PayPal那賺到的錢。」甚至有人製作一系列火箭爆炸的影片，強迫馬斯克把影片看完，希望能打消他的念頭，放棄他的太空夢。

當馬斯克的朋友告訴他有可能會失敗時，他會回答：「嗯，我同意。我想我們可能會失敗。」他不避諱承認「會失敗」這件事情，他自己估計SpaceX的太空船進入軌道的可能性只有10%左右，但他仍選擇去做。馬斯克也決定將他PayPal所有剩餘的利潤，投資到電動汽車公司Tesla，他同樣估計只有大約10%的成功機率。

但還未到蓋棺論定之時，斷言馬斯克能有如同賈伯斯般劃時代的表現似乎還嫌太早，不過其個人經營策略確實有值得借鑑之處，不像普通人習慣採取類比思維（Analogical Thinking）來思考問題，馬斯克趨向於使用物理學的架構來思考問題，類比思維容易陷入比較別人已經做或正在做的事物，結果通常是以模仿起手，往往只能取得微小的改變。

馬斯克說：「我會運用『第一性原理』思維而不是『類比』思維去思考問題。在日常生活中，人總是傾向比較別人已經做過或正在做的事情，這樣的結果只能產生細小的反覆運算發展。『第一性原理』的思考方式，是用物理學的角度看待世界的方法，也就是說一層層剝開事物的表象，看到裡面的本質，然後再從本質一層層往上走。」

「第一性原理」緣起於哲學、物理、數學等學科，意思是從零開始，只採用最基本的事實，然後根據事實推論來創新。運用第一性原理創新時，你會發現自己不再只是一名演奏家，而是成了創作者。

在馬斯克發展SpaceX早期，曾飛往莫斯科購買導彈，想將導彈改造為運輸火箭，這是他當時認為最便宜的選擇，但與各家承包商開會並詢價後，馬斯克發現目前的市場並無法有效落實他的太空願景，光效率和成本便是兩大問題。所以，在返回美國的飛機上，他快速地計算了製造火箭所需的材料及成本，發現火箭的材料成本鋁、鈦、銅、碳纖維等，其實只佔了總成本的2%左右！

那市面上的火箭及發射成本，究竟為何如此昂貴呢？在航太產業中，有大量的承包及檢測環節，還有大量的軍工業及政治力量參雜其中，在經過大量的上下游抽成及資訊不對稱、不透明的交易後，成本被層層墊高也是理所當然的事，但對於優質的航太運輸這個目標來說，無非是嚴重的負面影響。

於是，馬斯克決定自行研發製造，以繞過中間層層的「人為干擾因素」，積極挖角各領域專家加入他的團隊，在眾多優秀火箭科學家及團體的支持下，SpaceX從金屬切割、焊接、控制電腦、原料採購等環節都盡力做到最好，以極高的效率及極低的成本完成同樣的品質，好比SpaceX以量產的消費性電子產品取代昂貴的航太電腦，並在火箭中採用汽車用閥門等。

在1970至2000年間，每發射一公斤酬載的成本約1.8萬美元，但SpaceX的獵鷹9號每公斤酬載成本可壓至約3,000美元，以順利將物資運往國際太空站。且馬斯克為了更進一步接近理想，提出火箭也以可重複使用的前提來設計，發射成本再次大幅降低。

傳統火箭升空後就，便會將飛行器當垃圾處理，所以SpaceX所研發的可回收火箭，也突顯出航太產業原本的僵化與可笑，你可以試想每次坐飛機升空，抵達目的地後，就把飛機丟掉重做一台，不管是誰都會覺得不經濟、不環保。

從零開始，推演創新

馬斯克以「第一性原理」的思維模式來思考SpaceX的發展，並挑戰了太空產業所謂專家及常識所持的高昂成本及模式。在拆解成本結構後，著手於所有可能優化的部分。以火箭為例，除了必須材料成本2%外的98%都可以研究，如此巨大的優化空間也使得這件事更顯得可行，成功達成業內想像外的水準，降低近十倍生產成本。

Tesla的創新也是一個經典範例，馬斯克曾在受訪影片中提到自身實際的案例，他在開發Tesla時，就曾聽聞許多專家覺得電動車不可能實現普及化，因為電動車的電池成本幾乎無法降低，且在電池昂貴的情況下，又想要將電動車性能優化、降價並且普及，在短時間內更是不可能達成。

但馬斯克並不認同眾專家、權威們的看法，在開發Tesla新電池時，他將電池組本身所構成的物質進行拆解，理出電池最基礎的材料如鈷、鎳、鋁、碳等，重新理解電池製造的「基本事實」為何，以此推演出可改良的環節，如製造成本、關稅、人力配置等，建立起全新的供應鏈及自動化生產設計。

在本質的面前，與他人比較是沒有意義的，就如同在交通運輸的創新上，在汽車發明前，因為馬很好，我們習慣了以馬來作為交通工具，馬吃草，世界上的草也足夠多，因此所有專家、翹楚僅會聚焦於如何培育出跑得更快的馬，絕不可能想到蒸汽動力的機械，有一天竟能發展成每小時行駛數百公里的汽車，這距離遠超過馬匹的極限，甚至帶領人類前進太空。

但要提出社會及產業內的創新解決方案，其實並沒有太多前人經驗或實際案例供參考，也不會立刻擁有支持與理解。也因此我們需要擁有大量跨領域的知識來建構地基，來提供創新所需的養分。閱讀是目前公認最快速而有效的方式，包括巴菲特（Warren Buffet）、比爾・蓋茲、馬斯克等人都有大量閱讀跨領域知識的習慣。

在現代社會中，有太多的快速教戰手冊、競爭分析、數據比較等等華麗的工具，但以第一性原理的思維來思考，如此理所當然且懶惰的從眾行為，可能

限制了許多人擁有但擱置一旁的創造力。

在達成目標的路上，回歸問題本質或許才是啟動進展的第一步，且從道家宗師老子到商業巨擘賈伯斯、馬斯克、貝佐斯都在談的第一性原理，可以從哲學與物理學應用到商學上，先從物理學的角度來認識第一性原理。

第一性原理在物理學中指的是「從頭算」，從基本定律出發，不靠外加假設與經驗的推導與計算，因為如果使用現有的經驗參數，雖然過程較快速且簡單，但參數的準確性難以保證，從頭算便是從「原點出發」推演結果的一種計算思路。

而從哲學的角度來看，第一性原理在哲學中是一個邏輯名詞，意即每個系

統中存在「一個最基本的命題與假設」，不能被省略也不能被刪除，更不能被違反，其最早是由古希臘哲學家亞里斯多德所提出。

《道德經》第二十五章中寫道：「有物混成，……周行而不殆，可以為天地母。吾不知其名，字之曰道。」其大概是在說「道」永遠不會改變，卻又周流於萬物永遠不會停止，它可以作為世間天地萬物乃至「宇宙的根本」，是宇宙最原始、最基礎的存在，道符合第一性。兩者都著重提到第一性原理的重點：每件事都有其本質，或稱作核心與源頭。

因此，若將第一性原理套用在現代的商業活動上，看事情必須不被問題的表象局限，直擊本質，「跳出虛假的議題」，挖掘深藏在冰山下實際的本體；拋掉既有的選項，放棄僵化的思維，必須多元思考，才能取得最佳答案。那除了馬斯克外，還有哪些人擅於尋找問題的核心呢？

① 史蒂芬·賈伯斯：極簡化美學＋產品至上

賈伯斯在產品發表會上曾這麼說：「我們把螢幕上的按鈕做得如此完美，讓人恨不得舔一下。」、「人這輩子沒辦法做太多事情，所以每一件事都要做到精彩絕倫。」Apple研發出強大的手機功能，搭配直角與圓弧打造出的極簡外型，找出產品的核心，完美打中消費者的喜好。

初代iPhone。

② 傑夫·貝佐斯：貫徹的反熵增與用戶至上

「熵」一詞來自物理學的熱力學第二定律，是指一個系統的混亂程度，熵的值越大，系統就越無序；反之，熵的值越小，系統就越有序，貝佐斯曾表示想對抗熵增，他希望人力招募的門檻能不斷提高，現任員工們若想像五年後的公司，會慶幸自己在早期就加入Amazon，因為招募標準可能已經高到他們無法通過。對抗熵增，企業才能時刻保持生命力與創新力，避免走向死亡。

不管是馬斯克還是賈伯斯，他們都在複雜的事物中找到其根本的核心問題，學習拒絕浪費時間在假議題上，回歸事物最基本的條件，將其拆分成各要素進行解構，從而找到實現目標最優路徑的方法。

馬斯克說：「永遠要去考慮如何『實現路徑』，而非爭論『是否可行』。」他的思維模式站在未來的遠景看待眼前的處境，這具有某種超越性。他無比清楚知道自己在做什麼，經過一次又一次的討論，他淘汰了那些唱反調的人，最終留下一群志同道合的精英工程師，因而能收穫現今的碩果。

所以，在SpaceX沒有西裝革履的經理，也沒有老氣橫秋、雙手麻木的技工，裡面的員工各個是精力充沛、樂觀積極的科技狂人，在科學的領域樂在其中，全然沒有意識到他們的目標遠大到近乎不可能。

馬斯克分派許多堪稱不可能的任務給員工，更有許多外界認為不可能實現的目標，但他從不畏懼失敗，積極尋找失敗的原因並將其解決。有位SpaceX的前高管曾用「永動機」來形容馬斯克團隊的工作氛圍，且這台永動機依靠「永不滿足」與「永恆希望」相結合所產生的動能來運轉。

所以在SpaceX做事的原則，就是全心全意地投入於工作之中，並竭盡所能地把事情搞定，若你只曉得等前輩或主管告訴你要做什麼、怎麼做，那你在這個團隊將會舉步維艱，甚至可能會叫你滾蛋！且最嚴重的錯誤便是跟馬斯克說他的要求無法實現！

馬斯克曾告訴一名員工：「我要你超前部屬，考慮未來的事情，我要你用力地思考，每一天都思考到頭痛，我希望你每天晚上睡覺的時候頭都會痛。」馬斯克的話或許聽起來刺耳，但你必須接受，「如果我們在你前進的道路上堆滿了屎，你就必須把屎給吃了！這種方式不被其他地方廣泛接受，但這裡是SpaceX。」馬斯克說。

馬斯克嚴苛的管理風格，源自於他超凡脫俗的企業願景，但在他咄咄逼人的同時，也會耐心聽取有理有據、分析性很強的觀點——只要你的理由足夠好，他就會改變想法。

好比會議中有的人不會提問，有的人提出問題角度，但僅站在自己的領域思考，導致多方的問題混亂陷入一個泥潭，如若有些人能站在一個較高的格局，提出完全不一樣的角度，有邏輯地直擊問題的核心要害，那只要解決完這個核心問題，多方矛盾自然就消除了。

這就是洞察問題本質的思維方式，這種思維所看到的不是冰山一角的視角，而是全域思考下深刻察覺藏匿在冰山表面之下的問題根源，由此方向思考，對於事業的創新也是如此，類比法就像市場調查，看了市面上所有案例後，就如同寫論文找文獻資料般，別人大多數朝哪個方向做，就由此做法下去進行更好的改變，以產生更佳的結果。

賈伯斯曾提到創新不可能從市調而來，以馬與車為例，就算研究世界上所有馬的品種、吃的飼料、飼養方式、訓練等，都還是圍繞在「馬」上面，即使研究再多匹馬，你也不會產生「人類應該需要車子來移動」的想法，而這時就要透過「第一性原理」，

思考人為什麼需要馬？

因為其最根本需要解決的是「人類移動的問題」，為了使移動更方便快速，就會去思考，什麼樣的東西能夠解決這項困難，車子因此被發明出來，透過機器運作來幫助人類解決快速移動的問題。

所以，第一性原理的重點在於跳脫既有框架，思考問題最根本的核心，抽絲剝繭，實際解決並傳達那個最基本的事實，去看這項東西到底對消費者的價值是什麼，從這個角度下去思考，才能真正使自身茁壯，這也是馬斯克能如此超群的原因。

2 回歸本質，直向目標

要想掌握第一性原理的思考模式，一般建議由小地方慢慢實驗來熟悉，可以從習以為常的上班路線來摸索，思考是否還有其他更經濟實惠的方式；或是自己的投資習慣，是否能藉由調整資產的分配比重，來達成提早退休的目標。

第一性原理能幫助我們更加清晰的朝著目標前進，並忽略許多似是而非的雜音及刻板印象。在資訊爆炸的時代下，這個思考模式顯得更加可貴，希望各位都能用更少的時間達成理想的目標。

第一性原理是馬斯克用來達成夢想的最佳手段，只要運用得當就能解決很多別人意想不到的問題，他所達成最顯著的成就即為可重複性使用的火箭和電池技術。

SpaceX飛向宇宙，浩瀚無垠

馬斯克從小閱讀《基地》、《星際迷航》、《銀河系漫遊指南》等科幻小說，對太空探索感到憧憬，長大後也不忘此太空夢，在2002年時創立SpaceX一圓心中的夢想。他的目標也很明確，除發射火箭至外太空外，他還想實現遠大的火星移民計畫。

但馬斯克若要建立航太公司，會遇到一個核心問題，那就是他需要一枚火箭。他第一時間想到的解決方案是直接用買的，特意造訪俄羅斯，欲購買一架舊式俄羅斯導彈火箭，但洽談過程中對於對方的開價十分不滿，價格竟飆漲了三倍，即便他有財力購買火箭，也無法接受一枚舊式火箭要價6,500萬美元，而且這枚火箭還只能使用一次。

於是馬斯克開始檢視問題，為何把火箭送入軌道需要花那麼多錢，基於物理框架尋找這個問題的答案。他思考後發現，成本問題顯然出在火箭無法回收使用上，一次任務要用掉一枚火箭，因此成本問題的關鍵點在重返大氣層，如何讓火箭以時速近三千公里穿過大氣層後，能不變成炙熱火球返回地面？

要讓舊太空梭可以回收再使用，大機翼要有三‧五萬片絕熱瓦，每一片絕熱瓦必須完美作用，每趟飛行任務結束後必須仔細檢查，再把每片絕熱瓦裝回原先的位置。如此說來，太空梭推進器應該可以回收再使用，但掉落海洋時太空梭推進器會因受損太嚴重而無法復原再使用，所以要將問題聚焦於可回收再利用和重返大氣層。

馬斯克在思考這個問題時發現，燃料要比太空艙體便宜，或許可以藉由載運更多的燃料，來減緩返回地球的速度，避免太空艙衝入大氣層時產生過高的溫度。馬斯克想若重返大氣層時不會變成熱爐，艙體外層就不會碳化，返航過程自動化也不需人為操作，所以重點在於，打造一部可靠地面啟動與停止，以及準確地調節動力的火箭引擎。

前面已經提及，在馬斯克看來，從物理框架的角度來解決問題跟第一性原理的思維策略很相似，於是他透過書本自學火箭知識，羅列出火箭的核心構件與製作材料，得出火箭大致是由航空級鋁合金和一些鈦、銅和碳纖維所組成。

如果從市面上購買製作一枚火箭所需的材料，其總成本只有6,500萬美元的2%，也就是130萬美元左右，這個結論讓馬斯克進入航太業的金錢壓力大幅降低，於是他毅然決然地決定，自行購買材料打造自己的火箭，火箭將以低成本、節約的方式全部重新設計，而不是改造版的洲際彈道飛彈，SpaceX也不是數千家承包商之一，其載具不會試圖環繞地球飛行來滿足美國空軍。SpaceX沒有想探索宇宙的大批科學家，沒有奇特的研發實驗室，馬斯克將挑戰聚焦在工程性質，而非科研性質。

SpaceX探索與追求的第一步，是一心一意地把成本降低。許多人質疑馬斯克，認為低成本可能會讓安全性被犧牲，他以工程師觀點回答：「許多人問我們降低成本的話，安全性會隨之下降嗎？這完全是無稽之談。法拉利很貴就很牢靠嗎？我敢拿1,000美元跟你對賭1美元，你去買一輛本田喜美開個一年絕對不會故障。所以，你可以有既便宜又安全的車子，同理也適用於火箭。」

為了降低成本，馬斯克聚焦於工程和製造的單純性，以及限制轉包商的數目。獵鷹9號載運火箭使用乙太網資料匯流排而非訂製設計，自家機械工廠以遠低於航太承包商的成本，打造出特殊模型。

2008年，SpaceX獵鷹1號在歷經三次失敗後，於第四次成功發射，為世界第一個使用私人資金製造液態軌道火箭的計畫，每次發射只要670萬美元。2015年，獵鷹9號載運火箭為史上第一具把太空艙送入軌道後掉頭，啟動其引擎、緩慢重返大氣層、以尾部軟著陸的火箭。在不斷地改良、優化下，獵鷹9號載運火箭硬是把太空艙送入低軌道的每磅成本再便宜二十三倍，其兄弟版獵鷹重型載運火箭（Falcon Heavy）則是獵鷹9號載運火箭每磅成本的一半。

NASA估計上火星得花2,000億美元，但馬斯克估計只需花90億美元，這種優勢主要源自有條理、清晰且連貫的對策，著眼於單純、可重複使用和原料成本。若由國會或官僚謀畫這任務，成本會被膨脹好幾倍，數百上千的議程和人員薪資將被附加在這計畫上。

SpaceX未來能否再次取得重大成功還很難說，造火箭、上太空都是冒險事業，目前的媒體氛圍能把任何致命事故炒得沸沸揚揚。但SpaceX之所以能在火箭技術領域取得優勢，主要是馬斯克透過第一性原裡，抓住問題的關鍵，思考如何克服它。此外，該公司條理清晰連貫的政策創造了優勢，其政策全都確實指向「盡可能以最低的成本把物體送入太空軌道」。

Tesla拆解電池，比金頂還耐用

近年全球受到疫情影響，絕大多數的半導體產業鏈工廠經營陷入困境，可是又有許多人轉為線上工作與學習，造成電腦需求量激增，致使零件庫存耗盡，全球晶片因而短缺。但在供應鏈癱瘓，勞動力成本高的種種情況疊加下，Tesla卻仍能維持交車量，穩居全球電動車企市值第一。Tesla從無到有，現市值破千億，起初Microsoft用四十四年；Apple用四十二年；Amazon用二十四年，Google用二十一年才有如此成績，Tesla僅用二十年便達到現今的成就，這一切不得不歸功於馬斯克。

人們提到電動車，第一印象便是電池很貴，若故障或使用年限到了，要換電池是一筆很大的開銷，Tesla也同樣面臨這個問題，電池成本居高不下，自然會反應在車價及維護上，這是無法避免的難題。

當時儲能電池的價格是600美元/千瓦時，一輛電動汽車至少需要八十五千瓦時的電池，這就相當於一輛Tesla電動汽車的總成本12萬美元中，其中電池的成本超過5萬美元，將近整台車成本的一半，如此高昂的電池成本，給馬斯克帶來極大的困擾，那他是如何解決這一重大難題的呢？

馬斯克將電池的材料進行拆解，從元素層面將其拆分為鈷、鎳、鋁、碳等不同材料。拆解之後，他發現從倫敦金屬交易所分別購買這些材料的話，每千瓦時的成本可壓至82美元，約為電池總成本的13.7%。換言之，電池成本高昂的直接原因，並不在於原材料，而在於原材料的組合方式，所以要想有效降低電池成本，就必須改變現有的原材料組合方式。

於是馬斯克又思考將電池重新組合成新模式。為此，他與Panasonic達成合作，採用Panasonic 18650鈷酸鋰電池的管理程式，來重組Tesla電動汽車所需的電池，一舉將電池成本降至業內最低，取得巨大的成功。

18650鈷酸鋰電池材料中，鈷是其中最昂貴的原料，Tesla也已經將電池產品的鈷含量降至10至15%左右，其他公司的鈷含量則為20%。Tesla在減輕占電池重量一半的石墨陽極重量也卓然有成，改以較輕的矽代替。

馬斯克當然也不指望光靠一個技術躍進就能讓Tesla居高不墜，Tesla和業內其他公司一樣，必須讓電池的效率逐步提高，但進展不能充其量只是「這裡一點、那裡一點」。除了零星收穫，Tesla不斷調整電池技術，Model 3及Model Y車款也改用磷酸鋰鐵電池，比別的電池更耐用、更便宜，儘管跑的里程數較少。馬斯克宣稱這是電動車業界首見的「百萬公里」電池，充電和放電週期比一般汽車電池要長得多。

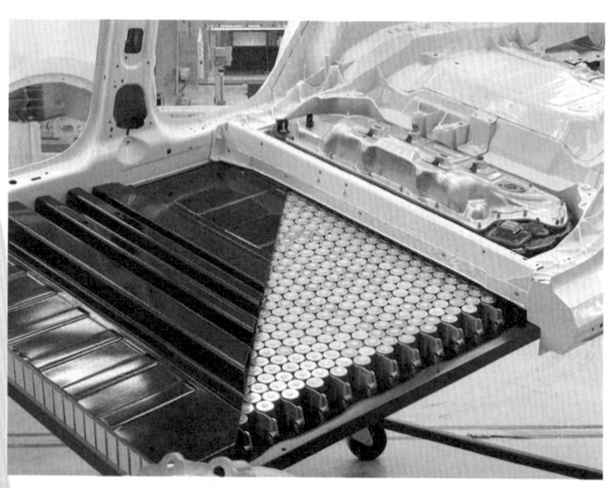

雖然電池內的化學作用是提高效能的關鍵，多數專家說Tesla影響電池性能和車輛續航力的因素更是重點。Guidehouse的運輸分析師阿布薩米德（Sam Abuelsamid）表示，Tesla電池組軟體及用於控制電動傳動系統（The

Drivetrain）的技術，遙遙領先競爭對手。

曾任Tesla科技長的斯楚貝爾（JB Straubel）表示，為了提升汽車效能，Tesla多年來在電動系統投入大量研發資金。他說：「一般人不了解其中一些挑戰有多麼困難。」據許多在Tesla工作過的人說，這是該公司最大的優勢。Tesla前總工程師洛林森（Peter Rawlinson）也表示，一切零組件自行設計意味著馬達功能強化，並控管從電池到馬達及再生制動系統所需的功率。他說，Tesla使這一切操控自如，成電池效能領域的「王者」。

洛林森說：「即便是保時捷，它也不是自己開發核心技術，自行開發就是有與眾不同之處，這也是Tesla能成為地球上最有價值的汽車公司的原因。」

面對複雜問題時，馬斯克透過第一性原理，有意識地將問題進行拆解，把複雜模糊的大問題拆解成可以著手的小問題，再產出行之有效的解決方案。第一性原理類似於一種追根溯源的思維策略，雖然看似重覆走了幾遍別人已走的路，但第一性原理可以讓人看到事物的源頭，在這種最基礎原始的層面，人的思緒往往是最清晰的。

二千多年前，亞里斯多德曾將第一性原理定義為「認識事物的第一個基礎」，如果用通俗的話來講，正是前面馬斯克對第一性原理的定義：「在你的認知範圍內，將一個事物拆分成真理或無限接近於真理的最小單位，然後在這個細微層面重新建構出滿足你需求的新事物。」說得再簡單一點，那就是解構與重構！

當然，我們的生活和工作若要以第一性原理思考，完全沒有必要將事物拆分到最小的組成單位，因為那需要花費大量精力，一般只需要比多數人深入一、二個層次就可以，那如何在生活中應用第一性原理解決各種問題呢？

解構與重構

看完上述馬斯克運用第一性原理的案例之後，你會不會覺得第一性原理從字面上來看，其實很容易描述，它的定義也相當簡單，無非就是解構與重構的過程，但要在現實中運用第一性原理卻是有點困難的，因為解構的過程需要專業領域的相關知識，而這就需要花費你大量的學習時間，就好比馬斯克若要解構火箭，他勢必要先去研讀航太知識。

且在優化並重構的過程中，絕大多數人都會犯一個嚴重的錯誤，那就是在重構的過程中，傾向於「形式」而非「功能」的重構，以馬斯克的火箭為例。

假設現在有一枚火箭，你有能力將它拆解開來，並且清楚知道每個零組件是用什麼材料打造的嗎？現在若想研發自己的火箭品牌，多數人的做法是照著拆解前的火箭再將它重新組裝起來，為了彰顯與眾不同，會適當調整一下火箭零件的尺寸或外形，然後標上自己的品牌，然後相當得意自己也產出一枚全新的火箭。

而這就是典型的「形式導向」，而非「功能導向」，因為你產出的火箭跟原先的火箭並沒有實質上的差別，最大的差別可能只有外型與品牌！推向市場後，可能無法契合於市場，根據現實狀況再進行功能調整、優化功能，另推出不同的型號或版本，以適應市場需求，這時才稍微跟功能導向擦上邊。

那馬斯克是怎麼做的？其實在獵鷹9號前，馬斯克跟多數人一樣，一開始也只想到飛往地球軌道的火箭，但後來在尋找火箭的過程中，發現火箭價格十分高昂且不合理，讓他不得不好好思考該如何大幅降低火箭的發射成本？

所以馬斯克才在火箭功能下苦功，他想既然飛機可以從天而降，那火箭為什麼就不可以降落加以回收呢？如果從第一性原理的角度來分析，可以發現登入月球的太空船便具備垂直降落的功能，如果在重構火箭的過程中，把垂直降落技術添加到火箭身上，就可以實現降低火箭發射成本的訴求！可以說獵鷹9號的誕生，是馬斯克對第一性原理的絕佳實踐案例。

「形式導向」的重構其實只是在原型上反覆進行細微優化，最終產物始終脫離不了最初的影子，而功能導向更類似於跨域結合，跟孔子的「三人行必有我師，擇其善者而從之」有異曲同工之妙！

針對航太，還有一案例就是近年SpaceX的主要項目——星艦，這是普通二級火箭跟太空飛船的典型結合體，它同時具備了二者的核心功能，星艦的前後襟翼跟太空飛船的機翼類似，可借助空氣動力學讓箭體在空中保持水平降落，星艦底部的九台猛禽發動機又讓它具備了火箭的核心功能，能垂直爬升和降落，因此，星艦也是在重構過程中為「100%可重複使用」這個功能導向，推導出的典型重構解決方案。

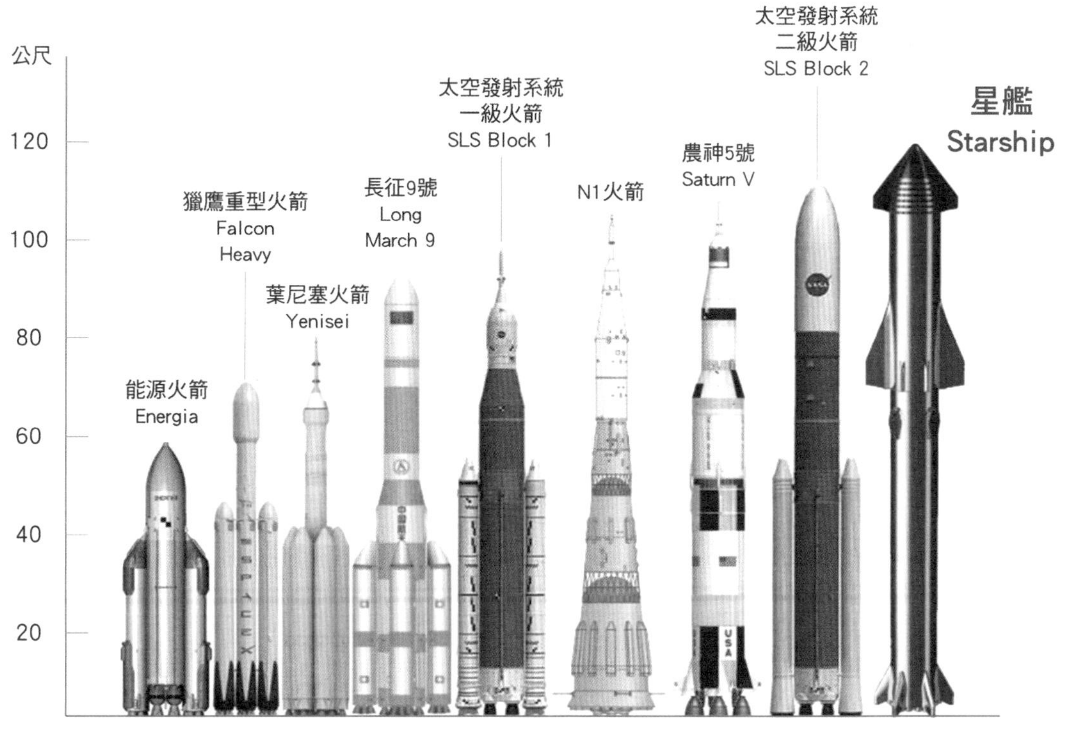

筆者認為，要想推出革命性的產品，在具備多個領域專業知識的前提下，第一性原理為頂層戰略，底層可透過模仿、持續優化其核心組件，在重構整體的過程中，以功能導向為主，形式導向為輔。

iPhone也是一個典型案例，在剛推出iPod前，曾有人說如果在iPod基礎上，再加入通話功能，那全世界的手機可能會完蛋。果不其然，2007年Apple發表iPhone，一舉震驚世界！跨域結合往往會產生革命性的產品，而跨域結合的過程，正是對各領域功能的拆解、混合與按需重構的過程，也就是第一性原理的核心。

Apple不斷優化產品，為了讓手機螢幕看起來更大，也將螢幕上方以瀏海形式呈現；為了讓產品續航更加給力，重構出M系列晶片，這都是功能導向的典型案例。至於形式上，也有人討論Apple的產品外型千年不變，但這就是Apple的特色，誠如前一節提到，Apple以極簡化美學＋產品至上，擄獲眾多的果粉。

第一性原理中最核心的關鍵在於「第一」，透過拆解去尋找事物的「第三」、「第二」與「第一」，而在拆解之前，你需要明確拆解方向，究竟是為了解決哪個問題而去拆解它，當一切原始構件都擺在你面前時，你就能豁然開朗，將該優化的優化，該替換的替換，該整合的整合，重構出一個功能更強大的東西。

第一性原理具體做法基本上可分為以下三步驟。

- 確認並定義自己的假設。
- 拆解問題直至基本事實。
- 由源頭思考新的解決方案。

第一原理有點像嬰兒學步的過程，鼓勵人們回到初學者狀態，採用全新的視野去探索真實的世界，自己從原點開始探索可能的方向，尋求不同於別人及傳統的解決方案，不再亦步亦趨地跟隨競爭者的腳步前進，而是重新建構起不同於過往的產品、服務、系統，凡事回到原點進行思考，追求最基本的事實，獨到的思維模式使得馬斯克顯得與眾不同。

除了從零開始，方法還要有所創新，馬斯克經常舉電動車的電池組來說明第一性原理的應用，一般生產每度電（1瓩/小時）的成本是600美元，如果不採取不一樣的做法，電池組的價格很難降下來，所以馬斯克問自己二個根本問題。

電池用的原料是什麼？

那些原料的市場價格是多少？

電池組是由鈷、鎳、鋁、碳等基本元素所組成，如果在倫敦金屬交易所購買這些原料，成本就很明確，得到的結果可能是每度電80美元。馬斯克從這樣一個簡單的推論開始，最後得到結論：「只要用聰明的方式取得原料組成電池，就可以把成本壓低到別人意想不到的程度。」

馬斯克帶領Tesla團隊徹底解構現有電池組的生產流程，或重新設計，或改變生產地點，或選用18650鋰電池，或發明具有專利的電池組裝系統，或設法減少鈷的用量，各式各樣不同於傳統汽車廠的做法，讓Tesla登上世界舞台，使Tesla有機會在電動汽車產業脫穎而出。

雖然馬斯克標榜自己是採用基本事實往上推導解決方案，然而這不代表發展電動車就得一切重頭開始，Tesla沒有跟隨傳統汽車廠的腳步前進，倒是從電腦產業借用不少現在已經存在的技術及關鍵零組件，馬斯克解構時善於使用既有的事物，但以不同的方式進行重構。

比如，現有的電池技術及零組件就已經很好用，實在沒有必要重新開發，重點是要用全新且聰明的方法進行巧妙的組合，Tesla選擇另闢蹊徑，從金屬交易所購買原料生產18650鋰電池，其

實18650鋰電池就是現今筆電配備的電池組，其最大的好處是體積小、儲能效率高，具有高續航力的優點。

不過光這樣並無法保證Tesla能夠領先群倫，畢竟馬斯克能用，別人也可以用。要讓一輛兩噸重的Model S最高時速達到二百公里，或以時速近九十公里的速度跑到四百多公里，若沒有強大驅動力及續航力的電池組絕對無法做到。

Tesla厲害的地方就在於能夠將六千顆以上的電池進行安全有效的組裝及管理。以第一代Roadster跑車為例，其電池組成的方式套用俄羅斯娃娃的意象比較容易理解，該公司把六十九顆鋰電池用串聯及並聯組合成一個電池磚，再將九個電池磚串聯成一個電池片，最後用十一個電池片組成一個電池包，就像俄羅斯娃娃一個套一個的堆疊模式，概念相同，只是形態不一樣。

馬斯克的創新看似脫離本行，但其實又沒有脫離本行，任何懂化學理論的人都能像馬斯克一樣將電池拆解分析，但重點在於你有沒有想到這件事情？又如何確保六千多顆電池能在高效且安全的模式下持續運作？

在此，馬斯克將先前管理成千上萬網路伺服器的經驗套用在Tesla電池上，運用大數據針對每顆電池、電池磚、電池片進行層層監控，包括電流、電壓、溫度、溼度、方位、煙霧等，確保電池在充放電的過程中，能在最佳情況下同步輸出，每個電池又都設有安全防護系統，若發生過熱或電流過大的情形，會自動啟動斷電機制，避免造成火燒車事件。

在航太業的發展亦是如此，經由成本結構的分析，發現火箭製造的材料成本只佔總成本的2%，因此只要換個角度看，找到對的、聰明的方法，便能大幅降低成本，在馬斯克眼中，傳統火箭製造模式還有98%廣大的優化空間。

航太業也因為原有的承包方式受到層層剝削、交易資訊不透明、特殊規格等限制，不利於有效的成本控制，馬斯克因而徹底捨棄航太業過往慣用的供應鏈，轉而大量使用消費性電子及汽車產業的標準零件，使航太業的發射成本產生大幅度翻轉。

Tesla及SpaceX雖然產業性質及歷史背景完全迥異，一個在地上跑，一個在天上飛，但馬斯克均以第一性原理進行解構，再善用產業既有的供應鏈來打造自家生產線，利用類比思考來重新建構，實現各個看似不可能的目標。

第一性原理強調基本原則，在原點處腦力激盪，抽絲剝繭地理解事實，然後尋求最適宜的解決方案。在第一性原理的思考過程中，任何事物都要重新開發，不要參考過往已存在的做法，因為你之所以想回歸原點思考，必定是覺得之前的方法不夠有效率，而且緩不濟急。

當然，適度地借用、參考他人的想法和做法，對於創新是必要的，但如何「借用」則是你創新的關鍵，就如前文所說，我們要做的是實質上的改變，而非形式上的變換。馬斯克也曾在世界通訊大會上分享自己創立Tesla、SpaceX、Neuralink的原因：「我們並不知道所有的答案，甚至不知道應該問什麼樣的問題，但如果我們能拓展意識的範疇和規模，那我們就能更好的知道問什麼問題，來理解宇宙各種問題的答案。」馬斯克希望對拓展意識有所貢獻。

3 找出萬物的基本事實

「第一性原理」也是一個量子力學中的術語，同樣解釋為從頭開始計算，只採用最基本的事實，再根據事實推論，創造出新價值。前面有討論到，剛一開始電動車推出時，各界專家都不認可電動車市場，認為不可能流行起來，因為電池的公定價為600美元/千瓦，在市場上始終降不下來。

馬斯克雖然初入此領域，卻不認同諸位專家們的觀點，在開發新電池階段，拋開原先生產電池的程序和技術，將電池的構成物質拆解開來，從最基本的原料開始思考，以第一性原理來發想，還原的過程使他了解到重新構成電池的「基本事實」為何。

他發現，如果從倫敦金屬交易所分別購買這些材料的話，每千瓦時的成本可壓至82美元，約為電池總成本的13.7%。且生產電池的成本中，有很大一部分是屬於「人們分工作業過程」所產生的成本，而他相信這區塊也必定存有優化改良的空間。

經由這些「基本事實」，馬斯克再詳細分析、實驗各個原物料，並將每個環節的工作流程重組，加以改良，譬如電池若在美國生產，根據當地法規，稅金會較為高昂，那就將工廠移至其他國家生產；若某技術的模塊設計出現問題，那就重新設計，規劃出一套能大幅降低電池生產成本的模組，產出低成本且續電力強大，能供電動汽車使用的電池。

拿到航太業來看，馬斯克同樣以第一性原理來思考航太業中「成本就是這麼貴」的偏見，還原製造火箭的「基本事實」，消彌原先的偏見，將火箭成本大幅降低到原成本的10%，震驚整個產業。

馬斯克和發明燈泡的愛迪生，還有奈米科技之父理查‧費曼（Richard P. Feynman）等絕世天才一樣，都擅長以獨特的思考方式，加速釐清問題並解決問題，進而產生偉大發明，帶來震驚世人的成就，而馬斯克那獨特的方式便是「第一性原理」。

馬斯克小時候很怕黑，但當他了解到世界之所以會黑暗，只是因為當下環境缺乏400到700納米波長的可見光光子，當明白這些後，他覺得若是因為周圍缺乏光子而感到害怕，實在有些愚蠢，從此就再也沒有畏懼過黑夜。

這就是一位第一性原理主義者的邏輯思維：從物理學角度看世界，一層一層撥開事物的表象，看到其中的本質，然後再從本質一層層往上走。而第一性原理成就了包括馬斯克在內的諸多天才，也順勢賦予了他們普遍的弱點：這些人的世界裡沒有灰色地帶。

他先前接受TED總監克里斯‧安德森（Chris Anderson）訪問時，也在鏡頭前承認自己的創造力和成功要歸功於第一性原理的思考模式，他說：「我確實認為這是幫助思考的好框架，一般來說，它的含意在於把事情簡化到最單純的本質，然後由此開始推理，而不是經由比較來得出結論。因為絕大部分人的生活經驗中，都傾向用比較來找原因，也就是看別人的經驗，這基本上是在複製別人的作法，再加以微調而已。」

但第一性原理的思考方式，可以使人積極地質疑和挑戰種種現況的假設，從零開始創造新知識並提出解決方案。從原點開始思考，可以讓腦中不帶有任何偏見，就好比一張白紙般，能接受任何構想、靈感的迸發。

反之，透過與前例比較的方式思考，是基於既有的假定、信念，往往無法跳脫絕大多數人認可的最佳實踐。第一性原理和比較模式的差異在於，第一性原理思考可以幫助我們想出獨特的解決方案，用其他人還沒想到的方式，以創新的構想處理棘手問題。

那以第一性原理思考時，建議遵循以下三個步驟。

① 認清和定義好假設

筆者從事業、健康舉例，可能的假設如下。

- 要讓生意成長，需要投資一大筆錢。
- 我沒有足夠的時間去運動，達成減重目標。

② 拆解問題，讓它回到最本質

所謂本質，基本上就是最根本的元素。馬斯克在訪問中舉例：「有些人會說『電池組真的很貴，目前價格大概就是這樣了，降不下來』。一般來說，每千瓦時成本要600美元，未來大概也會是這個價。」

他繼續說：「如果運用第一性原理思考法，你會說電池用的材料是什麼？那些材料的市場價值有多少？它包含鈷、鎳、鋁、碳，把它拆解到最基本的物質後，你可能會問『如果在倫敦金屬交易所買，這些原料要花多少錢』？」

「最後我們得到的結果是每千瓦時80美元。因此，顯然你只需要思考怎麼用聰明的方式取得原料，然後組成電池，就可以把成本壓低到別人意想不到的程度。」

③ 從頭制訂解決方案

把問題拆解成最單純、最基本的元素，就可著手新的洞見。

下面試著從前面舉的假設問題練習看看。

要讓生意成長，需要投資一大筆錢

要如何讓事業不斷成長、獲利？勢必需要銷售更多的產品和服務給客戶，並且開發新的客源。你可能會想，那開發新客戶是不是得投入很多資金，其實不見得，你可以用成本較低廉的方式接觸新管道，也就是借力。

一般人肯定不會平白無故幫你一把，所以你必須創造雙贏，讓掌握管道、能幫你開發新管道的人也獲得好處，這樣你就能以低成本的方式取得客戶，或是與掌握管道者利益交換，以其他條件跟他合作，如此一來你連一毛錢都不用花。

我沒有足夠的時間去運動，達成減重目標

若想達到減重目標，你需要做些什麼？你可以試著將運動量提升，也許一週運動四天，每次運動滿1小時。如果挪不出那麼多時間呢？還是能達到目標嗎？那你可以考慮把每次時間縮短至15分鐘，但改成高強度的運動，讓全身燃脂。

為何不懂得使用第一性原理

通常遭遇複雜的問題時，我們總會習慣遵循前例，但第一性原理的思考方式是一種跳脫群體心態的有力方式，脫離框架，用創新的方式來擊破問題。那為什麼明明每個人都生活在地球上，身處於同一世界中，卻無法看到馬斯克所看到的視角呢？筆者認為有以下原因：

被我們的「自以為」所遮蔽

人的認知狀態可劃分為四種：不知道自己不知道；知道自己不知道；知道自己知道和不知道自己知道。這劃分也可說是人的四種境界，有高低之分，人和人根本的區別也在這四種狀態。在一般學習書藉經常提到個人認知的「知道」與事實上的「知道」，筆者嘗試再把它演繹為四個不同的層次：

- 不知道自己不知道：以為自己什麼都知道，自以為是的認知狀態。
- 知道自己不知道：有敬畏之心，開始空杯心態，準備好投入學習。
- 知道自己知道：抓住事情的規律，提升自己的認知。
- 不知道自己知道：永遠保持空杯心態，認知的最高境界。

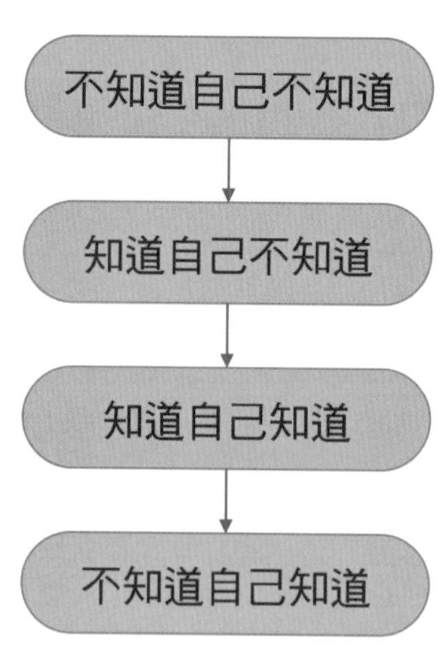

第一點「不知道自己不知道」筆者頗有感觸，這種認知狀態近似於達克效應。何謂達克效應？以一句話形容即是「你並不了解自己無知」。

「達克效應」指一個能力不足的人會產生謎之自信，讓他們不僅無法認知自己的不足，還會錯誤地相信自己比實際表現來得更優秀。換句話說，有些人儘管能力不足，卻沒辦法意識到自己不夠好，反而會陷在「我真不賴」的「自我感覺良好」思維裡，而且這類人一旦陷入這種想法時，就更難聽取別人的意見，無法進步。

「認知」幾乎是人和人之間唯一的本質差別，技能的差別可量化，但認知的差別是無法被量化的。人的求知欲一般是從「你知道自己不知道」開始產生，人們選擇不去求知，很多時候是因為他始終停留在「不知道自己不知道」的達克階段；但也有特例，那就是行動力不足時，有些人心裡很明白自己的認知不夠，可是自身的行動力、執行力又不足，卡在一個不上不下的階段。

有句話「一桶水不響，半桶水晃蕩」，指的就是那些在某領域沒什麼內涵的人，往往表現出一副很了解的模樣，而專精通曉者卻通常表現的謙虛和低調。因為過度自信導致自我高估、自以為是，而要消除自以為是最好的辦法，就是以謙卑的心態去交流；以開放的格局去接納；以高效的方式去學習與吸收；以持續不斷的方式去成長。

孔子說：「知之為知之，不知為不知，是知也。」

莎士比亞說：「愚人自以為智，智者自以為愚。」

賈伯斯也說：「Stay hungry，Stay foolish.」

面對這個世界，我們都是「盲人」，都在不斷學習探索中去累積對世界的感知，乃至無窮無盡之時。所以我們千萬不要被「自以為」所蒙蔽，如此一來才能像馬斯克從各個面向來判斷事物，以第一性原理進行思考。

2 對知識的缺乏

第一性原理其實可以看作事物規律的總結，以土石流來說好了，如果你知道「從山頂上滾下的石頭會越來越快」這個基本事實，那假設你不幸遇到土石流，你就明白要盡可能往泥流滑動方向的兩側逃命，而不是傻傻地順著坡地逃

跑，跟土石流比誰快，因為你是絕對快不過它的！

你可能會想說這是基本常識吧？但其實這個你所認為的基本常識，若要深掘到底層，它可以延伸探討至牛頓的第二運動定律F＝ma，知曉這個定律，你不單能避開土石流，還可能像馬斯克一樣想出創造火箭的方法。

上述這些，就是筆者所說的知識，有很多知識的應用其實在求學階段都有學過，但日常生活中因使用性不高，平常會用上的僅剩加減乘除，其他學識已無用武之地，漸漸被拋諸腦後。那為什麼脫離校園生活後，就不會再去思考要如何將理論應用在生活中呢？筆者想可能是因為絕大多數的人不曉得這些理論的「價值」在哪裡。

物理、化學等知識和心理學、社會學等相比較，若要應用於日常之中過於生硬，因為這類知識是建立在基礎假設和邏輯分析上，好比數學就是一個完全不依託真實存在的世界，透過假設，以驗證哪些推論是正確的，也因此較貼近第一性原理的本質。

3 急功近利下的弊病

任何事情的成功，都需要經驗和時間的累積，千萬別想說一蹴可幾，那是不切實際的，好比學習就需要「基本功」的累積，凡事必須追根究柢，花時間深入理解，如此才能獲得相對應的反饋，切勿急功近利。

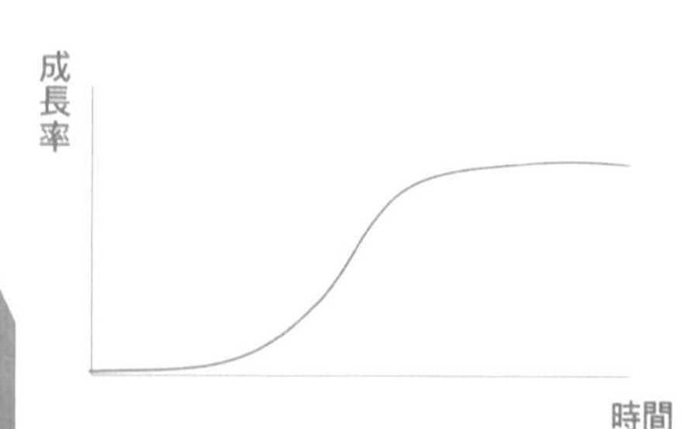

筆者強調「基本功」的重要性，你看了可能會想：「別人都進步這麼快，若僅重視基本功，那豈不成為輸家了嗎？」筆者從科學的角度帶你重新思考。

一般正常人的能力成長曲線中，其曲線前

期會隨著獲取知識和技術後快速增加，解決問題的時間會越來越短，某些事情一開始會有難度，但到達中期頂峰階段之後，只要經過練習就相對簡單一些，成長曲線在後期會失去向上升的動力。

這是為什麼？因為我們大多數人平時在面對問題時，一般會依靠直覺、個人經驗，以簡單的線性思維思考，更受到自身的價值觀和意識形態影響。若總靠個人經驗或其他人的做法等，從不以不同的角度來發想，跳脫原有思維，找出事物其中的關聯，進行更深層次的探討，那你眼前所認知的一切，永遠都是一個發散的點，無法聚焦。

這樣在面對自己無法掌握的事情時，就會瞬間迷茫，不知如何是好，無法準確掌握關鍵點，並找出問題，預測事情的發展趨勢，更不曉得該如何尋求解決辦法，因為你可能根本不曉得問題在哪，只知道超出自己能力範圍。

相信你一定聽親朋好友說過，在現在的公司已經學不到任何新事物了，感覺已經到天花板了。不曉得你認為這個說法正確嗎？其實有時候並非是成長太快以致到達天花板，而是一開始天花板便設定的太矮。

而這個天花板便是過於急功近利的學習方式所造成，只抬頭看到上方的頂，不知道天花板外其實還有鋼筋水泥的結構，只看表面而已。但如果你懂得一步步推敲，使用第一性原理為學習原則，在學習前期，雖然會因自己需不斷訓練和掌握基本原則，使得學習速度變慢，但當我們掌握整個學科的理念和方法後，學習的能力就會大幅提升。

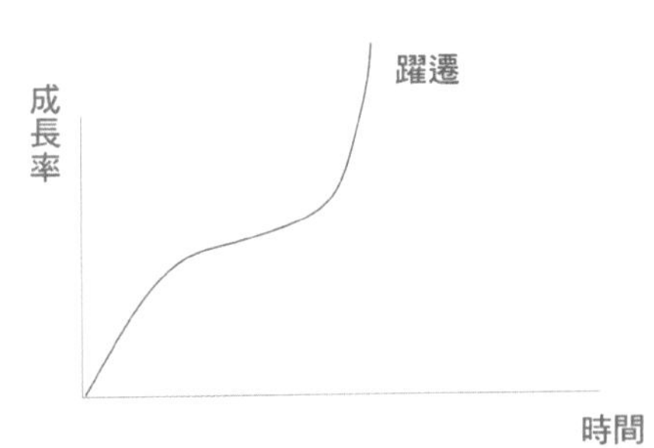

透過第一性原理，從底層規律以跨領域的方式，不停地活潑遊走並累積，隨著你的知識越多，你的成長曲線會增長得越來越快，而當你能整合的知識越多，你的知識就會開始產生爆炸性的威力，巴菲特的合夥人查理‧蒙格（Charlie Munger）稱之為魯拉帕路薩效應（Lollapalooza Effect，指各種因素間相互強

化，並將彼此發揮至最大化，產生綜效），透過這種學習和成長，你更容易獲得對未來準確的「預測」，從而獲得先機，成為產業中的新先知。

鑽研知識的路，從不擁擠

筆者曾聽有些較年長的學員說：「現今是個資訊、知識爆炸的社會，在網路誕生前的世界，以前的日子單純清靜許多。」但我認為這個觀念是錯的，一個文明的發展過程中，本就會歷經混亂的黑暗時期，且就筆者所感，網路所帶來混亂程度其實並沒有太大，甚至覺得網路讓生活便利許多。

過去之所以會覺得清靜，是因為訊息的傳遞缺乏效率，訊息所要傳達的力度，也會在傳遞過程中減少或有所偏差，就好比熱力在傳導的過程中會逐漸遞減一樣，所以接收者最後所獲得的衝擊相對較少，因而不會感到混亂。

網路誕生後，能輕而易舉地獲得大量資訊，就筆者這種熱愛汲取各方新知的人來說是相當方便的，重點在於能否在資訊海中去分別「資料」、「資訊」、「知識」，一般會讓人感到爆炸的是「資訊」，一堆多而雜亂的訊息紛沓而來，但不見得所有訊息都是無益的！

要能被劃分為高端知識的門檻極高，並非是說爆就爆的，因此鑽研知識的路是寬廣但人煙極少的，如果你又將知識劃分類別、領域的話，那道路會變得更為狹窄。所以，我們要懂得使用第一性原理來分析事情，從最原始的狀態釐清自己需要的知識是什麼，如此才能準確解決你所遇到的問題。

有什麼知識是你當初認為不重要，但後來後悔自己沒有早點知道？

反思自己在上述過程中，有什麼關鍵的事件、人物或原因，讓你覺得知識真的很重要？

運用第一性原理思考，發掘出你在學習認知中，那些經常見到，卻一直沒有觀察到事情，並找出改良方法，例如為什麼我對數字很不敏銳？

一旦突破了思維的邊界，高科技就會脫離單純的技術範疇，而更多意味著一種顛覆性創新以及從無到有的再創造思維於焉誕生。在馬斯克之前，幾乎所有人都認為火箭發射之後就該一去不復返，但馬斯克根據第一性原理提出質疑：汽車可以重複駕駛，輪船可以重複啟航，那為什麼火箭不能重複升空呢？

這個理念從被提出到實現，僅用時六年，在可重複使用的火箭問世後，SpaceX火箭的發射成本變為業內標準的1/5，未來更有望降至1/10。

多數人所慣用的類推思維，總會透過橫向、縱向對比，以競爭對手為參照系，查看自己所處的位置；或者對比過去的自己，審視如今的我該何去何從。而作為第一性原理主義者的馬斯克絕不會被已有的經驗和既定模式所左右。

2001年，馬斯克和一個好友談及移民火星的問題，他的思路很簡單，想著既然1969年就到達了月球，那現在差不多也該登陸火星了。之後，他查看NASA官網尋找相關時間表，卻一無所獲。

後來，馬斯克意外獲悉：小布希政府在對火星移民進行測算後，認為100億美元的成本太高，遂將計畫取消。馬斯克轉念就想，那我能否單程花費20萬美元完成移民火星的計畫呢？這便是他建立SpaceX的初衷。

正如人們所說，順流而下很輕鬆，但這條路上也往往人滿為患。反之，逆流而上的道路雖然坎坷，競爭者卻寥寥無幾。在自己力所能及的範圍內，不妨多做些首開先河或他人所不做的事，儘管短期內會給自己和團隊帶來巨大壓力，可是一旦成功也必將產生前所未見的絕佳效果與結果。

4 重塑你的思維模型

自馬斯克在某次採訪中提及第一性原理，讓各界紛紛開始探討這是什麼東西？並解讀出各式各樣的版本。

- 為什麼說很多人並非努力不夠，而是思考不夠？
- 思維底層的原始程式碼到底是什麼？
- 馬斯克為什麼將第一性原理奉為自己的思維準則？
- 為什麼說第一性原理是一種演繹法思維，卻又與追本溯源法不同？
- 為什麼用第一性原理思維，常常能帶來顛覆式創新？
- 第一性原理思維的局限性又是什麼？

馬斯克曾在世界人工智慧大會上，和馬雲公開對談，內容囊括人工智慧、火星、教育、生命、人類命運等。馬斯克是典型的「人工智慧悲觀者」，認為AI會危及人類地位，人類文明甚至會因此終結。馬雲則持相反意見，他對於AI較為樂觀，認為人類未來會創造出更多比電腦聰明的工具，人類的智慧是電腦不能達到的，就如人類創造汽車，但不會與汽車賽跑一樣，因此人機大戰的勝負是沒意義的。對他來說，自己用第一性原理從原點思考，全部打掉重練更能釐

清問題為何，提出最適當的解決方法。

第一性原理，其實是一種演繹法思維，是一種追本溯源，但又不完全是這樣的思考模式。前面有討論到，最先提出此概念的人為亞里斯多德，他說：「在任何一個系統中，存在第一性原理，是一個最基本的命題或假設，不能被省略也不能被違反。」亞里斯多德認為，世界上任何事物的存在和任何現象的發生，都不是無緣無故的，背後一定存有本質原因。

馬斯克是第一性原理的忠實提倡者，甚至可稱為代表性人物，只要提到第一性原理，就會直覺性地聯想到馬斯克。他曾說：「我們運用第一性原理，而不是類比思維去思考問題，是非常重要的。我們在生活中總是傾向於比較，對別人已經做過或者正在做的事情，我們也都跟風去做。這樣發展的結果，只能產生細小的反覆運算與重複的發展歷程。」

第一性原理以物理學角度看世界，是指某些硬性規定或由此推演得出的結論。與之相對的則是「經驗參數」，經驗參數則是透過大量實例得出的規律性結論。簡言之，第一性原理是一層層剝開事物表象，從外由裡看到事物的本質，再由本質一層層往上走，也就是回溯，重新思考該如何去做，將你的思維模型打掉重練。

那為何馬斯克會如此推崇第一性原理，他又是如何運用到商業活動中的呢？其實只要研究一下第一性原理的定義，可以發現第一性原理和經驗參數就是我們常說的演繹法和歸納法。

演繹法思維：由一個或多個定律推演而來，或是它本身便是一個定理。從一般性的前提出發，透過推導即「演繹」，得出具體陳述或個別結論的過程。演繹推理的邏輯形式對於理性的重要意義在於，它對人的思維保持嚴密性、一貫性，有著不可替代的校正作用。

歸納法思維：由多個已知的資料或現象來推論出結果。根據一類事物

的部分對象具有某種性質，推出這類事物的所有對象都具有這種性質的推理，叫做歸納推理

這樣講你可能仍會覺得抽象，筆者試著舉例如下。

歸納法：蘇格拉底是希臘人（前提）→大部分希臘人愛吃魚（前提）→所以蘇格拉底愛吃魚（結論）。

演繹法：人終有一死（大前提）→蘇格拉底是人（小前提）→蘇格拉底也終有一死（結論），所以這個結論不存在爭議。

在歸納法，前兩個前提都是對的，但根據兩個前提所得出的結論不一定準確，因為蘇格拉底可能並不喜歡吃魚，具有不確定性，歸納法得出的結論可能存在一定的爭議，所以總體來看，演繹法的準確性和可靠性要高於歸納法。

歸納法與演繹法存在一定的辯證關係，比如踢出去的球會落到地上，如果用歸納法來解釋，因為踢出去的球都沒有飛出去，直接落在地上，所以可以得出一個結論，下一顆球踢出去前「這個球還是會落在地上」；但如果用「演繹法」來解釋，根據牛頓定律，物體都會受地球引力影響而落到地面上，所以踢出去的球最終都會落在地上。

又好比有位船長為一艘大輪船掌舵，瞭望到前方有座冰山，若船長善用歸納法思維，他可能會想上次遇到的冰山，它水面下有更龐大的山體，之前鐵達尼號撞到的冰山也是如此，所以前方這個冰山下面一定也同樣藏著碩大的山體，必須要小心繞過去才行。

但船長若是以演繹法思維來思考，他在瞭望

時觀察到冰山是會移動的，代表這座龐大的山體浮在水面上。根據浮力原理，F浮力＝G排開流體，即物體浮力等於物體下沉時排開液體的重力，故水面下照理說會藏有一個體積龐大的冰山，因此必須小心駛過才行。

雖然冰山這個案例的結論都是要小心避開，但套用在不同的選項上，就可能產生不一樣的結果。又好比讀書，在我們讀書的過程中，其實都是在歸納、總結，希望在以後的工作和生活中能夠把這些應用上。但畢業多年後，真正能留存下來的知識很少，留下的是意識裡所形成的的思維方式，也是我們演繹的前提，做出任何判斷和決策往往是依靠這一部分內容。

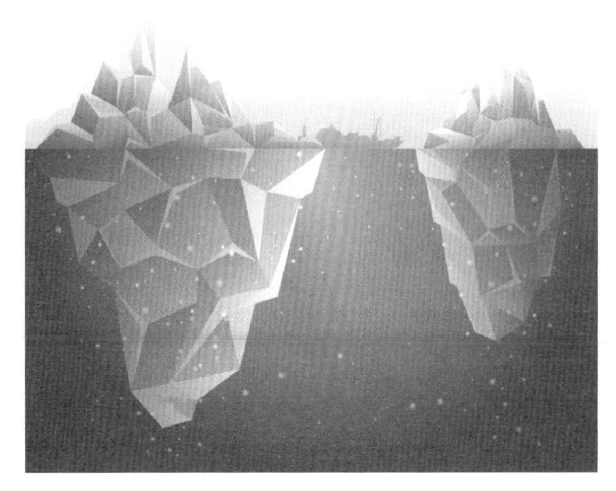

第一性原理就是典型的演繹邏輯思維，是一個放諸四海皆準的定律，只要把理論更好的應用到不曾嘗試的場景，便會得出創新的方法或觀點。修行開悟也是一樣的道理，看了很多的經書，打了很多坐，練了很多功，最終練就不論面對什麼樣的問題和困惑都能指點迷津，從歸納到演繹。

這也能解釋為什麼物理學家發現或驗證一個理論就可以獲得諾貝爾獎，因為他是一個從演繹到歸納的過程，他所發現的理論能夠影響全世界和全人類，它是一個定理，一個公理，影響深遠。但在社會上，絕大多數的人總習慣用歸納法思維來總結規律和解決問題。

比如A員工的銷售業績突出、成交數很高，另一位B員工同樣銷售業績突出、成交數高，因而可以得出成交數是影響業績的重要指標，所以公司的KPI評等上，會加上成交數的考核，也就是上述所說的歸納法。

那如果以演繹法來討論，要如何推論呢？

試問銷售是什麼呢？是讓客戶對產品感到心動，激發出客戶心中想購買的欲望，最後實現成交。所以，我們可以將銷售分為三個階段如下。

- 讓客戶對產品心動。
- 激發購買欲望。
- 實現成交。

首先，要如何讓客戶看到產品，進而感到心動呢？你可以透過產品網頁展示、電話推銷或是駐點推廣銷售；而第二階段的激起購買欲望，則可以透過面對面或電話的推銷話術，或是借由能直擊痛點、深入人心的文案等，以實現最終的成交。

因此，若要增加你的成交量，那你可能會覺得可以增加電話量或是多去拜訪、開發客戶，可是這樣又會淪為歸納法的結果了。但如果你以第一性原理的演繹法來思考，試想為什麼要增加成交數，一定要靠「自己」來推廣呢？

要增加銷售，你可不可以集結其他人的力量，充分運用網路，把各方管道都集結起來，是否利用新媒體來銷售？透過電商平台幫你賣？或是請網紅幫你帶貨呢？只要換個思維，差距便是顯而易見的。

想必透過上述例子，你已經充分了解歸納和演繹法的不同之處。歸納法只能針對已發生的事實總結規律，容易忽略尚未發生，但可能發生的創新事物。創新就是有別於以往，是一種未發生的事情，所以若總以歸納法思維來發想，很難有顛覆式的創新，因為會受限於舊有的想法，有著局限性。

第一性原理跟你以為的其實不一樣

自馬斯克公開提出第一性原理後，隨即在網路上受到廣大網友的討論，網路上瞬間出現好多文章講解，討論何為第一性原理。許多人是這麼解釋的，認為第一性原理是一種「追本溯源」的思維，萬事萬物都要找出根本問題，所以也可以稱為本質思考法；也有人說這其實是根因法，早已在各領域行之有年，並非馬斯克的獨門絕活，但其實這些解釋都不大正確，誤導了許多人。

第一性原理其實不等於追本溯源、根因法，更不是所謂的本質思考法，雖然上述三種同為演繹法，但你可以試著再思考一下筆者上面針對歸納法和演繹法討論的案例。從上述例子能夠得出兩大結論。

- **歸納法、演繹法有時會出現一樣的結果。**
- **演繹法可能出現二個以上的結果。**

根據這兩點，你會發現即便是同樣的結果，但思考方式不見得是一樣的，所以即使第一性原理和追本溯源法的思考結構類似，但你並不能把兩者劃上等號。同樣的思維模式，只要思考的深度和角度不同，就可能產生不同的結論，因此可以得出同為演繹法，但第一性原理和追本溯源法的探討角度不同，所以出現不一樣的結論。

總結來說，第一性原理是演繹法思維的一種，追本溯源、根因法也是演繹法思維的一種，可是三者卻是不一樣的，只要思考角度不同，就會帶來不同的結論，這也是為什麼許多人以演繹法思考，卻無法跟馬斯克一樣，因為他們慣於使用的是「追本溯源」的演繹法。

但也並非思考角度不同，就一定會產生不同的結果，眾人之所以搞不清楚，將第一性原理與根本溯源法弄混，是因為這兩種思維模式同為演繹法，致使結論經常相同，讓大家誤以為是同一種思維，其實不然。

那這兩種演繹法究竟要如何區分呢？只要用圖分析，就能輕易看出區別。

① 追本溯源：從問題出發

追本溯源法是從問題出發，一步步分析出問題背後的原因為何，直到找出最終原因，而這原因可能不只一個，可以有許多個。

② 第一性原理：從原理出發

第一性原理從本質原理出發，向後推演出可能的解決方法。

原因3 原因1
子原因1 子原因1
子原因2 子原因2
子原因1 子原因1
子原因2 子原因2
原因4 原因2
問題現狀

▲ 追本溯源

路徑1 路徑3
第一性原理
子路徑1（出問題了） 子路徑1
子路徑2 子路徑2
子路徑3 ……
子路徑1 子路徑1
子路徑2 ……
子路徑3 ……
路徑2 路徑4

▲ 第一性原理

下面筆者再仔細分析一下為什麼出發點不同，會讓結果產生差異性？

倘若從問題本身出發，以追本溯源的方式思考，從為何會有這個問題探討，一步步從子原因追溯到主原因，思考的結果與第一性原理相同。但過程中有可能因此錯過其他更多的路徑，一個結果可以是由好多種原因推演而成，類似條條大路通羅馬的概念，但礙於追本溯源僅針對問題本身改善，所以就無法發現其他的可能性，又偏偏創新喜歡藏於各路徑之中，這也是為什麼第一性原理會帶來顛覆式創新的根本原因。

第一性原理也不能說是萬能，應該說世界上的所有問題，不可能靠一個原理或定律就能解決，所以如果你想透過第一性原理來解決問題，但你的見識不足、知識量不夠，對各思維模型的認知太少，那一樣也無法找到解決方案。

因此，你除了要學習重塑思維，以第一性原理的演繹法來思考外，還要不斷累積自己的知識載量，這樣你所能聯想到、解答的原因也就越多。查理‧蒙格曾說過：「我熱愛學習，尤其是跨領域學習。」他經由不斷的學習，知曉百餘種思維模型，讓他在面對經濟動盪時，得以用各種思維來因應市場狀況，制定最適宜的投資策略。

這就好比業餘籃球選手和職業籃球選手花費同樣的訓練時間，付出同等的努力，有時候甚至比專業運動員更出色，但為什麼職業與業餘仍然有著懸殊的差距呢？

職業之所以能成為專業，除了他在球場上的爆發力外，還要有絕佳的穩定性。一名NBA球星單場比賽的命中率，或許沒有打街頭籃球的業餘者高，但他整個籃球生涯的技能水準絕對比業餘者優秀。

而會產生差異的原因在於，職業運動員有教練、球隊替他安排整套高效訓練方法，以科學化的方式進行訓練，讓體能跟球技總體提升。久而久之，NBA球星腦中也會對打球建構出一套思維模型，針對性地進行練習，懂得如何在球場上穩定發揮；反觀業餘運動員，他沒有思維模型的概念，更不可能受過專業的指導，完全依賴經驗的累積，但沒有專業化的練習，即便再勤奮仍是業餘。

所以專業與業餘的最本質區別在於能否掌握思維模型。腦子裡有明確思維模型的人，遇到問題需要花一些時間思考，有時候甚至會犯錯（錯誤是建構思維模型的關鍵），但長久下來，他的決策會逐漸優化，能更穩定地發揮所長並解決問題。

因此，第一性原理的價值在於找到那個能指導我們的思維模型。

查理·蒙格說：「永遠用最基本的方法去尋找答案——這是一個偉大的傳統，也為這個世界節省了很多時間。當然，問題可能會很棘手，你必須學會任勞任怨地工作才能解決它們。我一向喜歡這個詞兒，對我，它意味著踏踏實實地坐下來，直到解決問題為止。」他也說：「商界有一條非常有用的古老準則，它分成兩步：第一步，找到一個簡單的基本道理。第二步，非常嚴格地按照這個道理行事。」這句話就好比第一性原理在商業界的化身，不只馬斯克推崇，蒙格同樣對第一性原理推崇備至。所以在商業中，決策者首先要做的就是洞悉本質，找到最基本的方法。

巴菲特曾這麼解釋他眼中的商業行為：「你為用戶提供的是價值，用戶為你提供的是價格。這個價值會隨著時代的變化而變化。」

Walmart創辦人山姆·沃爾頓（Sam Walton）說：「商業的本質很簡單，就是『己所欲，施於人』。就我看來，人們進到商店就是想用最少的錢買最多的東西。所以，他們無論是在營銷上、還是在生產的流程上，都沿著這個路徑把它走到極致。」

筆者再總結一下善用第一性原理的關鍵。

① 思考能力圈

能力圈是指人的能力邊界，我們應該在圈內做事，圈外思考。圈內做事，量力而行，才能把風險降到最低；圈外思考，不執著於憑藉自身能力如何成功，而是琢磨怎麼做可能會導致失敗，所謂Think outside the box是也！

巴菲特說：「對你的能力圈來說，最重要的不是能力圈的範圍大小，而是你如何確定能力圈的邊界所在。」如果你知道了能力圈的邊界所在，你將比那些能力圈大你五倍，卻不知道邊界所在的人要富有得多。

② 找到你的第一性原理，並演繹運用

沒有最好的思維模型，只有最適合自己的思維模型。第一性原理的關鍵正在於如何找到適合自己的思維模型。第一性原理大多是歸納得出的，這需要自身的知識結構足夠龐大豐富，並且能在不同領域的知識庫中建立起緊密的聯繫。

至於具體該怎麼做？答案是終身學習，而且你必須是跨界、跨境學習，然後打破你的思維牢籠。當我們習慣於經驗主義，用一切人為的假設與推測來看待新事物，就可能會錯估形勢，來看看一些名人當年的斷言：

- 比爾·蓋茲：640Kb的內存完全夠用了。
- 愛因斯坦：現在我們連利用核能最微弱的證據都沒有。
- 愛迪生：只有直流電才有應用價值，交流電就像閃電一樣危險。

那些高瞻遠矚的名人跟我們一樣，都會犯這樣的低級錯誤，更何況我們這些普通人呢？因此，學會用第一性原理來思考，能使我們拋棄偏見，直擊本質，從而擺脫思維牢籠，以重塑我們的新思維。

5 意識到問題，比找答案更難

如果你提出一個問題，直指很多人都遭遇而且痛恨的問題核心，那你就能發揮極大的影響力。馬斯克深信，「很多時候問題比答案難找。如果你可以適時地說出問題，答案就比較簡單了。」有些人比其他人更善於問大範疇的問題，這是肯定的，馬斯克便屬於這樣的人。

馬斯克創辦的第一間公司Zip2，提供類似於網路黃頁的服務；接著創立X.com，後更名為PayPal，提供線上金融服務；SpaceX在航太業大放異彩，打造出可重複使用的火箭；Tesla是現今的電動車翹楚；發展綠能的太陽能公司SolarCity；開挖地底隧道的Boring，以實現超迴路列車……他旗下還有眾多不同領域的公司，試問一個人怎麼能在各式不同的領域中，都揮舞著大旗領軍向前？

馬斯克一般在應付難題時特別強調兩個面向。首先，他相信要回歸第一性原理，找出更好的解決方案，不管面對任何難題，都要體認到當中有一些已存在多年的既有假設，決定了哪些可以改變、哪些又是必須接受的現實。其次，馬斯克注意到很多新穎的解決方案，都是不同領域概念交互作用之下的產物。

他曾說：「很多人試著花很長時間去解決某個產業內棘手問題，他們不會去問：『嗯，我們有沒有辦法套用不同產業裡的解決方案？』如果這麼做，可以帶來很強、很強的力量。」

第一性原理可以打破所有被視為理所當然、實則不應如此的事物，打破砂鍋、探究到無可爭議的最根本事實為止，然後再從那裡反過來思考，找出問題並解決掉它。

以Tesla來說，大家總會直觀地認為電池是成本支出的最大宗，沒錯，但

其實周邊零件也是一大筆成本，在汽車零件中，一個輕量鋁輪框的報價500美元，絕大部分的人可能不會想這有什麼問題？但馬斯克卻會說：「嗯，這看來很奇怪，因為鑄鋁的價錢一磅重約莫2美元，一個輪框二十五磅重，那成本應該是50美元，就算要包含一些加工成本，那就把價格加倍，變成100美元，這樣推論下來，一個輪框的成本也不應該是500美元。」

一般人多半不會抗拒擺在眼前的實際情況，他們可能會就現有的情況來分析，說：「我們探詢過其他廠商的輪框成本，價格差不多落在300至600美元之間，所以500美元不算太離譜，是可接受的範圍。」但其實大家都被剝削了，卻不自知。

所謂利用第一性原理分析問題，是你要意識到問題，然後努力打破砂鍋問到底，直逼特定領域的最基本事實，你要問的問題是：「我們能斷定確實為真的是什麼？」你非常確定的東西就是基本事實，是你論證中的要項，然後再把這些套用到你的問題上。

比方說，如果一家企業生產汽車，就不應該問：「怎麼做才能讓我們的車子更好？」反而應該從大局來看，釐清車子不過是大眾「用」來完成任務的解決方案而已，也就是人們透過車子快速前往他們要去的地方。從如何做才能用更好的方式「載運顧客」來思考，如果公司採用這種架構從事產品創新，格局一時之間就大了不少。

又好比馬斯克提出超迴路列車這個概念大受歡迎，其實他自己也很訝異，因為這是在某次演講時脫口而出的話，他當時試著解釋自己為何會遲到這麼久，所以提出現在的交通模式需要一種新型態的交通工具，就這樣自然而然地在腦中萌生新構想。

他也明白自己突然發想出的運作方式並不實際，但沒想到卻備受討論，不斷有人在網路上詢問他後續是否有落實方案，所以他才認真思考整個概念，把想法重新整合，對外正式提出一個可行的版本，快速把問題「徹底改善交通運輸系統」轉化為行動。

所以使用第一性原理思考外，更重要的是你必須發現真正的問題為何？《白鯨記》作者赫爾曼‧梅爾維爾（Herman Melville）曾公開解釋為何自己要寫這本書：「要寫出偉大的作品，你必須先選擇偉大的主題。」這道理也同樣適用於你提出或意識到偉大的問題，假如你提出一個問題，而這問題直指大多數人都有共鳴的問題核心，那你就能發揮極大的影響力。

身為化解難題高手的馬斯克，很愛談問題蘊藏的力量，他在許多場合都會談到小時候閱讀道格拉斯‧亞當斯（Douglas Adams）所撰寫的《銀河系漫遊指南》時，便從中學到一大重點，那就是很多時候問題比答案更困難。如果你可以適切地提出問題，答案就簡單了。

別急著找「答案」，而是要找「問題」

其實人類每天從睜開眼睛的那刻起，就在解決無數的問題，譬如說該起床了嗎？還是再睡一下？……等等，相信你現在一定驚覺，真的耶！我一起床就在思考諸如此類的問題！但你可能又會有疑問，這又跟這節要討論的問題解決有何相關呢？

- 問題一：我該立刻睜開眼起床，還是閉上眼再睡一下？
- 問題二：萬一睡過頭怎麼辦？可能會因此遲到，影響主管對我的觀感與考績。
- 問題三：如果真的睡過頭，早上跟客戶還有個會議怎麼辦？
- 問題四：睡過頭遲到，耽誤到跟客戶開會，有可能演變為商業問題嗎？

上面這一連串的連鎖問題，有些人會因此感到焦慮，但有些人卻會覺得這根本不算是問題。要討論是不是一個問題，可以從問題的定義來看，在不同領域，對於什麼是「問題」有著不同的解釋。

好比在數學領域，提出的問題一般是關於數學描述對象和結構的疑問，問題解決可以是具體的求解問題，也可以是一般的假設證明過程；在社會領域中，問題多半是某種困境，比如貧窮、失業問題，如果解決這個困境，就可以產生社會效益。

以上這兩種情境都是比較好釐清的，但在商業場景中，問題是指「現況」和「期望」之間的差別。一般在原因不明確的情況下，需要進行真因分析並評估行動的合理性，我們所謂的問題，則來自於現況與期望之間的差異，而且這個差異有解決的急迫性。

因此若要找問題，就要看事件的現況、期望、差異與待解決的緊急程度，這就是問題的四個關鍵要素，缺一不可。而四點中的「差異」所指為何？差異指得就是問題核心。假如這個差異在你的認知中是可以被接受的，那它就不太能視為問題，好比數據都會略有誤差值；但如果這個差異超過你可接受的範圍，那它絕對就是個問題了，因為你無法接受，所以你必須想辦法解決這個誤差，讓差異縮小至可接受的範圍內，甚至是將差異狀況排除。

那筆者再拉回前面對於起床這件事所產生的連鎖問題。「起床」這件事，有些人將鬧鐘設定為早上7點，而隔天7點鬧鐘一響，他也不會賴床、直接起來，所以對這類人來說，差異並不存在，因而不會被視為問題。其次，有些人是鬧鐘設定7點，但真正起床的時間是7點15分，雖然有15分鐘的差異，但只要趕緊準備，一樣來得及準時上班打卡，所以這也不算是問題，因為在他可承受的範圍之內。

會產生問題的只有一類人，那就是只求壓線打卡的人，假設表訂上班時間為8點30分，那他們絕對會拖到最後一刻，只要能在規定的上班時間打卡即可，偶爾因為交通問題遲到也可以接受。

筆者舉例有位員工A就是屬於上述壓線打卡的員工，但員工A本身並不覺得這有什麼問題，因為就他自己的認知是沒有遲到，所以不覺得有問題，可在旁人角度來看問題可大了，原來不是員工A沒有問題，而是沒意識到自己的問題。

因為主管認為即便員工A打卡的時間不算遲到，但等員工A坐到座位上，電腦開機、茶水間到水……等事前準備，真正開始辦公已經9點了，在主管看來，他就是每天遲到的員工，給予極差的評價。

雖然是同樣一件事情，但只要對現況與期望的認知不同，就會對整件事有不同看法，所以現況、期望、差異、待解決，會影響看待問題的方式和角度，而第一性原理便是能釐清這四個要素，取得共識及解決問題的方法，因為大多數的人對於這四點關鍵因素大多沒有共識。

面對問題的處理方式

一般企業在徵才時，除一個人的專業能力外，也相當看重當事人的思考、表達和解決問題的能力，這其實是因為解決問題時，需要同時運用這三種能力，而一間公司聘請員工除了是要他們幫忙創造利益外，更重要的也是解決各種大大小小的問題。

假設主管開會時跟大家說，因為受到疫情影響，整個市場環境疲弱，所以公司去年至今年上半年的業績表現都不如預期，希望大家想辦法突破這個困境。底下的員工會如何思考、應對這個問題呢？

員工A率先搶答：「疫情致使整個市場消費疲弱，但這不是地區性的現象，而是全球景氣都不好，那這樣業績表現不如預期是正常現象，所以也不能多做什麼，只能把手上工作掌握好、共體時艱，相信等到疫情一過去，業績就會好轉！」

其他人聽到後，覺得同事A的回答聽起來正面，但其實毫無建設性，對改善業績沒有絲毫幫助，只曉得把解決問題的責任推給時間，彷彿自己已經很盡力工作了。且他對於主管所說的疫情影響、市場消極和業績不如預期的這些資訊，直接視為無法撼動的結論，未對此加以思考，提出對策。

員工B對於A的看法不以為然，自個兒說道：「疫情影響已有一陣子了，公司也一直在找應對的方法，所以在給我們設定業績目標時，肯定有將此問題納入考慮，但收益仍受到影響，所以才在會議上提出討論。市場環境的疲弱並非是因為沒有需求和消費能力，而是陸海空無法順利出貨補給，通路受到影響，致使消費行為產生改變。我們可以蒐集一下資料，驗證是否真的跟通路有關係，或是還有其他問題是我們沒有發現的。」

員工B對於老闆所拋出的問題有所存疑，因而提出自己的觀點，想加以驗證，也可找出其他隱性問題。這是一種批判思考的態度，面對接收到的資訊抱持懷疑態度，而不是照單全收，對事實、證據、觀察結果和論據詳加分析後才形成判斷。

員工C在聽完兩人的說法後，說道：「A和B的看法我都給予認同。我們要先釐清現況，明白現在跟業績目標的落差到底有多大？跟往年的成績又差了多少？而這些落差是因為何種因素造成，弄明白究竟是通路問題還是產品的競爭力不足，抑或是目標的設定本就過於樂觀？如此一來才能進一步找出問題，逐一進行解決，甚至是創造比目標更高的業績，否則現況不會改變。」顯然，員工C有學過問題分析與解決的技巧，也懂得獨立思考。

根據上述情境，筆者想說，當我們意識到問題時，其實有更好的方法，發現一個問題時，無論是別人提出來還是自己意識到的，重點都在於如何去解決？面對問題時，有些人會直接解決眼下的問題，看到什麼便給出什麼回應，比如每月總是入不敷出，所以直覺的做法就是省著點花，或是跟別人借錢，先解決眼前的資金難關，但其實問題並未解決。

大多數情況下，直覺性的做法一般都能獲得成功，可是如果放到商業場景來看，這樣的方式可能無法解決問題，還可能製造出新問題。比如產品銷售成績不好，所以會直覺地想說要增加曝光，多投入一些宣傳成本打廣告，或是降價促銷增買氣。

這在短期內可以看到銷售業績大幅成長，但其實並沒有解決實質的銷售問題，侵蝕了獲利、也有損品牌形象，更讓消費者認為時不時會有低價大特賣，以致平時的銷售狀況更差，所以長期來看，反倒是產生了新的問題。

懂得解決問題的人，會以第一性原理進行思考並分析真正的問題為何，找到問題本質，再打破既有框架，改變看問題的角度和方式，從各方各面發想，試圖找出更好的解決辦法，甚至是發現其他潛在問題，一併解決。

當問題發生時，你可以選擇面對或逃避，但逃避並不是解決的辦法，若問題大到會直接對你產生影響時，勢必得抬起頭面對才行，且如果延遲處理還可能增加其他原先毋須耗費的成本。若一開始便選擇面對問題，可能一次成功，也可能歷經多次的失敗，但不要緊，只要再思考還有什麼辦法，可以先解決部分問題，讓事態不要持續嚴重，或是考慮轉嫁問題，讓問題的影響能壓在可承受範圍內。

這就好比馬斯克的SpaceX當初在發射火箭時，即便他們已經知道要研發可回收的發射火箭，但他們仍歷經三次失敗，於第四次才發射成功。所以我們要妥善利用第一性原理找出問題，並想出最適宜的解決辦法。

那麼，該如何找到問題的本質或是提出更好的問題呢？關鍵就在於思考、表達與問題解決的能力。前面有提到，在解決問題的過程中會同時使用思考與表達能力；所以，思考與表達和問題解決是息息相關的。對於思考力，其實也有細分，筆者整理如下：

① 邏輯思考（Logical Thinking）

大前研一曾說，解決問題的根本就是「邏輯思考力」，這不但能讓問題迎刃而解，就連一般常說的「先見之明」、「直覺」，其實也是從邏輯思考中產生的，但絕大多數人沒有養成邏輯思考的習慣，所以就缺少了能夠解決問題的思路。

知道如何整理蒐集來的資訊、如何理清這些資訊的脈絡、如何定義問題與分析問題，以及判斷這些資訊的關聯與因果性，所以邏輯性，就是在兩件事情之間建立因果關係。好的邏輯就像多米諾骨牌，看上去是一個個獨立事件，但只要第一張倒下，其他的也隨之倒下，很多時候，理清了事情的全貌與脈絡，問題往往就能迎刃而解。

② 批判思考（Critial Thinking）

世界經濟論壇發布〈工作的未來報告〉，列出未來五年最重要的十五種技能，第一名是分析和創新，其次是主動學習和學習策略，第三是複雜問題解決，第四名則是批判思考和分析，可見其重要性不言而喻。

批判思考是一種質疑和理性思考的能力，對接收到的資訊抱持懷疑的態度，懂得檢視與驗證過程中的每個環節；並不斷自問「要解決的問題是什麼？又是誰的問題？」以確保沒有偏離正確的方向。

比如你在面對公司的既定流程時，觀察出各環節之間的關聯，並問「這樣是最好的工作方式嗎？」你積極找尋更好的方法，用分析出的答案說服其他部門採用新的做事方式，那你就是在使用批判思考。

③ 系統思考（Systematic Thinking）

系統思考指的是將事件看作一個整體，而非從單點切入的直線型思考，這讓我們得以窺見事情的全貌，找到問題的癥結點，進而加以解決。這與邏輯思考有些相似，但不同之處在於對問題是否有全域觀？而不是只看到問題的單一面向，落入頭痛醫頭、腳痛醫腳的盲點。

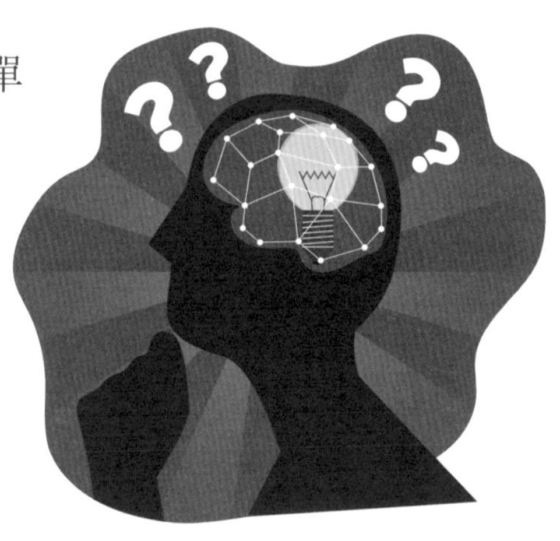

思考對於解決商業場景的問題來說，格外重要，如果我們懂得商業運作的脈絡，就能更快找出問題影響的範圍與瓶頸點，也會明白牽一髮動全身的道理，運用第一性原理來思考真正的問題是什麼？有沒有更值得解決之問題背後的問題，我們是否有發現？

提問表達，在解決問題的過程中，我們可能需要透過訪談、提問來獲得需要的資訊，也可能需要溝通討論問題的定義、影響範圍與對策。即使你可能獨自一人完成問題分析與解決的工作，最終還是得向主管或客戶進行成果報告，這時候如何讓對方清楚理解、感受到你的專業價值，就取決於你溝通表達的能力了。

當你懂得善用思考與表達的能力，就能提升問題解決的速度與品質，發揮事半功倍的效果；不要將時間與精力投入在錯誤的問題上，這樣不但無法解決問題，更製造出新的問題。除了利用第一性原理拆解問題的本質外，在經營企業策略上，馬斯克也有如下獨到的見解：

① 超前部署，為下一個戰場做好準備

隨著革命性的創新步伐越來越快，你不能只把心力放在贏得眼前的比賽，更重要的是為未來的新戰場鋪路，以馬斯克為例，當所有人的目光仍在大氣層時，他已經將目光放諸浩瀚無垠的宇宙。

馬斯克在接受《Fast Company》的訪問時，被問及為何創辦SpaceX，選擇宇宙作為新戰場，他回道：「我只是認為任何公司都可以將人送入太空的未來，比只有政府才能做到的未來更有趣。」這是馬斯克看見的新戰場。

馬斯克建議，永遠要找尋下一個市場機會，並關注現在進行的新技術、社經變革將如何長遠影響產業未來，以抓住先機，成為戰場開拓者，更可以利用新戰場來擾亂競爭對手。

② 讓你的競爭對手手足無措

馬斯克認為在進入產業前應先觀察競爭對手，並釐清以下三點：

- 競爭對手的重點產品是什麼？
- 這代表他們會拒絕哪些機會？
- 如果你發展對手不敢開發的產品，會發生什麼事？

例如Kodak當初透過賣底片相機賺進大把鈔票，卻沒有勇氣打破現狀，不敢發展數位相機，而被市場淘汰。現今的汽車產業也面臨電動車技術的挑戰，困於既有的成果難以大刀闊斧發展新產品，這時Tesla橫空出世，馬斯克開啟電動車的車頭燈，讓傳統車廠一時間沒有應對辦法、手足無措，不知如何是好，而就在對手在研擬對應措施時，Tesla早已搶占市場先機。

3 讓你的公司對「世界」有益

在傳統資本主義下，公司存在的目的通常被預設為「股東」創造財富，但在企業社會責任意識抬頭的時代，能生存的多半是為利益相關者服務的企業，包含員工、社區和環境。好比Tesla透過電動車減少碳排，並結合自家公司SolarCity，使用太陽能等再生能源充電，對環保盡了心力，體現以環境友善做為公司發展策略的成效。

「找出股東以外的服務對象、建立促使永續發展的營利策略以及熱情的傳達公司成長為世界帶來的好處。」馬斯克說，當你的公司發展對世界有助益時，成功就可能近在眼前。

也許馬斯克在某些方面具備我們所沒有的天賦，但其創新思維——第一性原理，仍是我們可以學習、借鑑的，如果我們懂得試著以更寬廣的態度去思考，離自己的理想也就會更近一步了。

Part 3

拆解問題，以終爲始

FIRST PRINCIPLE

THE RICHEST MAN'S THINKING.

你是在解決問題，還是被問題解決？

你知道自己是穿什麼SIZE的衣服嗎？現在不只鞋子有分不同國家的規格尺寸，連衣服也有分歐版、美版跟亞洲版型，各地區的版型會因當地人體型的不同，在尺寸上有所差異。你或許會認為這是一個很簡單的問題，但其實超過五成以上的人，在購買衣服時，並不曉得自己到底穿什麼尺寸的衣服，要麻煩同行友人或店員幫忙看自己衣服後方領口的標籤，而這看似沒什麼大不了的舉動，可能隱含著當事人的基本生活能力不足。

筆者曾看過一篇人物專訪，該專訪的主人翁是泰國一位女博士，她成長於單親家庭，從小家境窮困，媽媽在市場辛苦賣菜，努力將她拉拔長大，母女二人相依為命。大家都十分好奇，為何她在如此困苦的環境下還能讀到博士學位？

這名博士小時候放學時，都會到菜市場幫媽媽賣菜，某個夏天相當炎熱，她看到有位婦人牽著小朋友去買飲料消暑，於是她跟媽媽說自己也想買冷飲，但媽媽回她：「我們沒有多餘的錢，如果想要喝飲料，就要想辦法賺錢去買。」博士在媽媽的協助下，決定製作古早味冰棒來賣，想賺點零用錢來買零食跟飲料。

博士隔天興沖沖的帶著手工冰棒到市場賣，但擺攤好幾

天都沒有賣掉一支，而斜對面同樣在賣冰品的攤販卻大排長龍，兩攤呈現強烈對比。博士難過地問媽媽：「為什麼都沒人買我的冰棒呢？」媽媽回道：「妳雖然在擺攤，但大家卻不知道妳到底在賣些什麼，妳必須讓大家知道妳在賣冰棒才行。」

博士恍然大悟，回家後馬上製作一塊能掛在身上的大板子，正反面都寫著賣冰棒，隔天到市場邊走邊喊：「好吃的冰棒快來買喔！」才改變模式第一天，業績便相當不錯，一整箱冰棒全都賣完了。

而這個積極找尋方法的習慣就這樣一路跟著她成長，每次遇到困難，她就想著該如何解決，若實在想不出來，那就去向其他人請益，如此過關斬將讀到博士學位。她一生中最感謝的人就是她媽媽，每每遇到難題時，媽媽總會告訴她要想辦法解決，而非埋怨放棄，她也一直謹記於心，因而能獲得如此成就。

試問如果是你，當遇到困難時，腦中第一念頭是想到什麼呢？這名博士跟馬斯克類似，遇到問題或是困難時，絕對是想有什麼方法可以解決這個問題，而非讓問題將她壓垮，人生被問題打敗。

前文有說，馬斯克思考問題時總使用第一性原理來探究問題，一層層剝開事物的表象，看到問題的本質，再從本質一層層向上推論，尋求最好的辦法和答案，也因此替自己帶來顛覆性的創造力。

第一性原理原先只存於理論、概念之中，但在馬斯克公開推崇下，瞬間風靡整個世界。第一性原理是一種演繹法，筆者覺得網上有許多解釋都是為了去迎合馬斯克的成功，以顯示第一性原理的高大上，但說白了它其實只是一個釐清問題，並有效解決問題的思考方式，創新是在這個思考過程中意外獲得的附加價值。

而且這個原理其實在我們的日常可能都早以應用過，只是使用時並沒有意識到這就是第一性原理。現在在馬斯克效應下備受關注，主要是因為他靠著這思考模式替自己帶來極大的效益，因而讓人嘖嘖稱奇，也使得第一性原理被神化。

下面筆者分享一下日常有哪些運用第一性原理，而我們沒有意識到的情況。

相信有開車的人一定都曾有過車子在行進間爆胎的經驗，當下你會怎麼處理呢？一般人先浮現的想法是，打警示燈後將車子緩緩駛向路邊，然後從後車廂拿出千斤頂和備胎更換。

那如果以第一性原理思考，可以怎麼處理呢？馬斯克說可將第一性原理分為兩個階段，首先一層層剝開事物表象，看清它的本質，然後一層層上推，找到解決途徑。

所以，先試著把事情拆分為兩部分：會怎麼樣以及怎麼會這樣。

① 爆胎會怎麼樣？

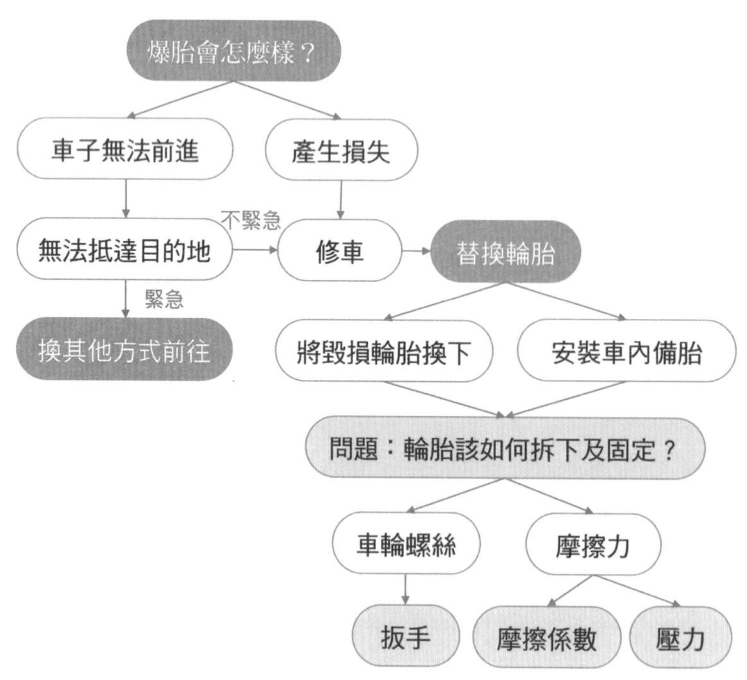

根據上圖，可以看到修車換輪胎會面臨基礎問題，而將這些基礎問題往上推，就是第一性原理的應用。

- 螺絲釘：使用扳手。
- 摩擦係數：找到一個將摩擦係數降到無限接近0的辦法。
- 壓力：將輪胎與地面的壓力減少到0。

上述壓力的部分，千斤頂就是壓力的解決途徑之一。比如把地面挖低，利用槓桿原理把車抬起來等，雖然操作困難且有點蠢，但卻也是可行方案之一。

打算修車換輪胎後，我們將面臨幾個基礎問題，而如何利用這些基礎往上推，解決整個換輪胎的過程，就是第一性原理的第二階段應用。

② 爆胎的原因？

現在來分析爆胎的原因，根據原因反推預防爆胎的方法。

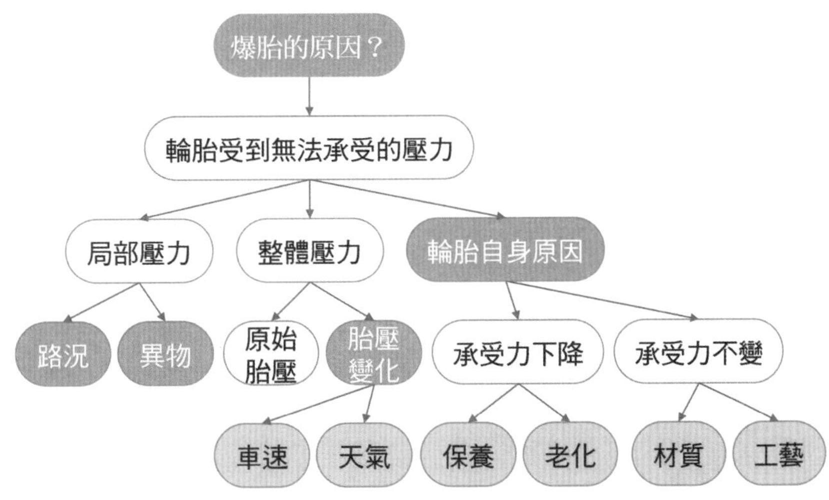

從上圖的推理可以發現導致爆胎的原因不只一種，那你可以根據推理的結果向上推出眾多預防爆胎的方法，而這也算是第一性原理的應用。

日常生活中，除開車爆胎外，使用到第一性原理的情境其實百百種，無法一一舉例分析出來，筆者再舉一例相當常見的情況。

現在外送平台諸如Uber eat和Foodpanda相當活躍，只要拿起手機操作一下，二十至三十分鐘後便可以拿到熱騰騰的餐點，但相信每個人都遇過裝餐點的塑膠袋被打死結的情況，試問這樣的情形，若透過第一性原理該如何思考呢？

第一性原理講究深入探討事物最終的本質，若你仔細推敲，原先塑膠袋打死結的狀況可能衍生出一個全人類的問題：塑膠袋死結→拿不到食物→沒有辦法吃飯→人類必須靠食物補充能量……相當複雜，已昇華到哲學層次。

當然，這個問題對我們來說根本不需要深究，發現塑膠袋被打死結時，只要果斷地用剪刀把它剪開即可。但如果你是商人，那就可以考慮要不要深入解決這個問題，發明出更好的工具，能在不破壞塑膠袋的狀態下將結打開，或是發明一個能有效盛裝外賣的袋子或器皿，甚至是發想出全人類飲食的新辦法。

有時候我們日常覺得一般的事情，若透過第一性原理的角度來思考，你會發現其實沒有這麼簡單；而看似困難複雜的事情，若透過第一性原理來分析，你會發現它其實很簡單，只是一個觀念性的問題而已。

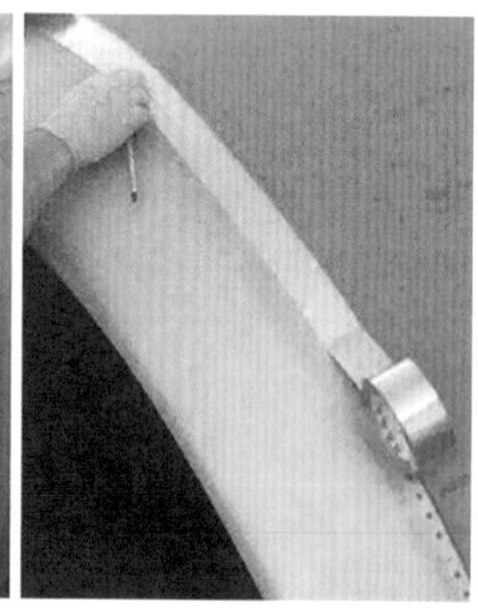

這就好比，之前新聞報導航空公司在檢修飛機時，使用膠帶來黏合機具的零組件，引起民眾恐慌，讓大家有一段時間對飛安感到疑慮。

但如果以第一性原理思考，計算出飛機受損處在空中會產生多少拉力，只要膠帶的黏合力高過拉力，那即便使用膠帶來維護零組件也不會構成危險，只是不明白其中物理原理的民眾，無法信任膠帶能有效解決問題，所以在使用第一性原理思考時，有時需要一定的專業背景。

馬斯克決定要朝太空領域發展，到他真正成立太空探索SpaceX公司，中

間隔了一年多的時間，在這一年多的時間裡，馬斯克和無數專家討論研究，花了數月時間學習火箭相關的知識，不乏《火箭推進原理》、《燃氣渦輪和火箭推進的空氣動力學》、《天體動體力學》和其他各種專業知識。

在汲取這些知識的過程中，馬斯克勢必用了大量的第一性原理來思考製造火箭可能面臨的各種狀況，他才做出自行製造火箭的決定。同理，在剛接任Tesla執行長時，他肯定也在電動車零組件短缺時，從第一性原理出發，思考各式零組件的作用及構成，結合自身技術和成本問題，選擇是從零開始創造還是由外部購入。

但你要注意的是，即便你現在懂得使用第一性原理來探究根本問題，也不要認為只要從原點思考，問題便能輕易解決。以馬斯克的例子來說，可重複使用的火箭和高續航力的電動車，在想出解決辦法後，仍是失敗許多次，經過無數測試、反覆運算，才有如今的成果。

就筆者認為，第一性原理並非是多麼神秘或高大上的思維模式，它就是一種基礎又能有效解析問題並加以解決的思維方式，但在運用第一性原理時，若你要解決的事物較複雜，那你所需要的基礎知識可能就要更多，知識載量要足夠，就像馬斯克的火箭跟電動車一般。

第一性原理確實是個優秀的思維模式，但也並非萬能的思考方法，遇到問題時還是要加以評估考量，利用多種辦法、從多重角度來思考該如何解決，沒有一種原理它是無所不能的，千萬不要想著用第一性原理就可以打通關，我們要學會的是去運用第一性原理來找到問題的本質，然後再用最適合、正確且高效的辦法來解決。

牛掉進水溝了怎麼辦？

筆者曾看過一個討論該如何培養解決問題能力的有趣例子。

假設你是一名農夫，結束一天辛勞的工作後，準備牽著牛走回去，在回家的路上，你的牛不小心掉水溝裡了，這時你該怎麼辦呢？

這時的情況若套用到社會狀況，就好比演講的講者沒有準時抵達現場，人也連絡不上；或是去拜訪客戶，結果發現忘記把簡報存在隨身碟裡……諸如此類的緊急狀況。不管是牛還是講者未到，抑或是忘記帶簡報檔，當事人肯定都會急得跟熱鍋上的螞蟻一樣，這時旁邊開始有人跳出來檢討：「怎麼沒有提前跟講者確認時間或詢問其他連絡方式呢？」、「你出發前怎麼沒有檢查隨身碟？也沒有在雲端空間存一份？」一堆負面的話語排山倒海而來，但對眼前的問題卻一點幫助都沒有，還讓當事人更為焦慮，無法思考當下最佳的處理辦法。

沒有人喜歡出紕漏、被焦慮感纏身，所以遇到問題時一定要先靜下心來思考該如何處理，若是當下就能解決的事情，那就要先完成，若無法馬上解決，至少要將可能帶來的影響最小化，並且妥善掌握問題，讓自己之後有時間和緩衝期可以處理、解決。

有些問題可能是突發性的意外，有些問題若一再發生，可能就是結構或制度產生漏洞，所以我們要懂得拆解問題，無論是用何種方法，要能為這個問題「找出為什麼」。 而要能正確的拆解問題，除了使用第一性原理來思考外，正如筆者前面說過的，你還必須具備這個產業、領域所需的專業知識，如此才能替這個問題找出最適當的解決辦法。

甚至有時候如果沒有發現問題、不知道如何拆解問題，當然也不知道如何設定解決問題的方案時，就算排出再厲害的方案，最終還是會變得一團亂。但如果我們正確地拆解問題，就能針對每一個原因各個擊破，藉此規劃出改善方案，且我們不可能所有事情都能夠獨自處理，所以若想快速解決問題，還有一個關鍵就是要對外尋求資源，了解可幫忙各項業務的人，如此一來你才能在事情發生時，迅速找到可以協助你的人。找到對的人和問對問題，是遇到問題的首要動作。正確的思考方式，一般都會遵循以下步驟。

① 提出問題

對部分的人來說，提出問題是最困難的環節。好比你遇到一些情況，覺得這種情況是錯誤的，可是又說不出來到底錯在哪裡？但如果無法針對當下的情況提出疑問，那你別想找到問題的解決辦法，因為你根本不曉得問題出在哪。

這時你可以在心中向自己多提問幾個為什麼，這個方式有助於我們發現問題的癥結點為何？好比你覺得阿美很蠢，什麼事都做不好，那你心中為什麼會這樣覺得呢？你是因為何種理由，得出這樣的結論？

馬斯克也說提出正確的問題是根本：「如果你可以正確表達問題，那麼答案就很簡單。因此，只要我們可以更全面地理解宇宙，就能更加知道要如何去探索。」所以，若想要解決問題，你就要先學會提出問題。

② 分析問題

找出問題後，你要設法找出更多的線索，強迫自己找到跟當下情況相關的所有資料，探究問題的核心，然後深人分析思考，也就是透過第一性原理，幫助我們釐清思維。

③ 確定方法

一旦找出問題，分析情況後，你就要開始尋求解決問題的辦法。在這個環節我們要以客觀情況來思考，千萬不要受到他人的影響而做錯選擇。舉例，假設你在學習的過程中遇到困難，你旁邊的同學也在學習上遇到困難，那麼你在詢問對方意見或請益時，就要判斷是否能有效幫助到你，能否套用在自己身上，要記住，別人的意見只能作為參考。

4 檢驗證明

很多人會認為只要確認方法後，問題就等同於解決，但這樣是遠遠不夠的。找到解決方法後，你還要驗證這個方法是否可行，是否真的如心中所設想般，真的解決你所提出的問題。馬斯克自行生產可重複使用的火箭時，也歷經多次失敗，經過不斷的調整和修正，在第四次火箭才發射成功。

在檢驗的過程中，你也可以不斷問自己問題，例如如何才能更好地運用這個方法，或是在何種情況下這個方法更適用？這時演繹推理法便派上用場了，多問幾個「如果」，針對辦法給出「假設」，然後逐步驗證，你就會篩選出最正確的答案，達成最好的目標。

2 戳中問題本質的人是怎麼思考的？

當第一性原理爆紅時，筆者就在想自己之前都是如何思考的？所以這節就來聊聊筆者的思考法吧，可以將此思考模式看作「晴天式第一性原理」。

你身邊一定會有一種人，當眾人聚在一起討論事情時，各持己見、互不相讓，但只要這個人提出想法，大家都會對他的觀點感到服氣；或是這個人平時看起來隨性、漫不經心，但只要跟他聊天，會發覺他對很多事情都入木三分；又或者是你遇到一個難題，去向他請益，而這個人總能跳脫常規，用意想不到的方式解決……等，這類人通常就是習慣於用「第一性原理」來思考事物的人。

上述的描述其實就是筆者詢問周遭的人，在他們眼中的我是何種人物時所得到的反饋，因此，筆者想自己可能就跟馬斯克一樣，善於使用第一性原理來思考。馬斯克的第一性原理前面章節已分享過許多次，就不再贅述，下面筆者改換幾個商業案例來談吧。

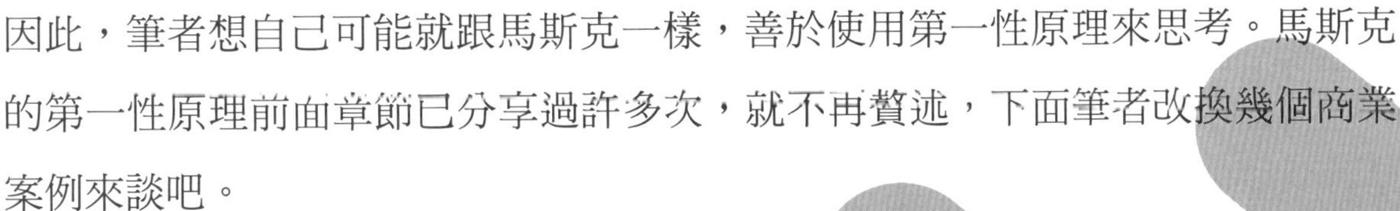

有兩個年輕人認為比起內容本身，如何讓使用者「便利地獲取內容」更重要，這將產生千億美元級的市場潛力。在那個年代，網路的使用者少，網上內容也稀少，且大多數的服務為付費的，如果這兩個年輕人對外宣揚這種想法，眾人只會嗤之以鼻，沒有人會覺得他們高瞻遠矚。但事後證明這兩位年輕人的

觀點是對的，而這兩個年輕人就是Google創辦人布林和佩奇，他們對網際網路產業的核心洞察「便利、免費」，貫穿了Google從創立到強盛的整個歷程。

巧合的是，這種對新產業的「非主流深刻洞察」頻繁出現於那些偉大企業的核心創始人中。1976年，商用電腦興起，家用電腦更是聞所未聞，但賈伯斯預見電腦最後會像水電一樣流入全世界2/3的家庭中，因而創辦Apple，開發個人電腦。同年，比爾·蓋茲也相當看好個人電腦的未來，更意識到只要搶佔使用者與電腦的連結中樞——作業系統，就能壟斷整個產業。1984年網路尚未正式興起時，列昂納德·波薩克（Leonard Bosack）和桑德·勒納（Sandy Lerner）也看好「多協議路由器」，於是兩人義無反顧地投入，創立思科CISCO公司，最終成為世界最大的通訊服務商……以上便是運用第一性原理思考法的商業案例，雖然他們當初未必知道這個名詞，但可以見得第一性原理效用驚人。

馬斯克最初創辦的Zip2公司就是一間網路公司，他所提供的服務類似於網路黃頁，那時網路相關的公司都傾力於為大眾提供各式的網站內容。第一性原理並非商界大亨的特權，人人都可以應用，它可說是一種必備思維。

好比有些人明明意識到生活和工作產生了一些問題，但又不曉得怎麼面對或是消滅其中的不安，甚至是不滿，這其實是因為你沒有深入探究這個問題的本質是什麼，沒有從第一性原理出發。

就筆者認為，第一性原理可以這麼理解……第一性原理必須架構在一個具體的情況、現象，它不是架空的概念，不能拋開實際的情況，獨立思考其存在。比如，你可以說一個蟻窩（系統）中蘊含著行為模式的第一性原理，但你不能說自己透過一隻蜜蜂理解第一性原理，除非你再下降到細胞組織層次。

第一性原理具有穩定性，但並非絕對的真理。第一性原理從First Principle Thinking翻譯過來，其實這個翻譯有點誤導性，雖然它聽著高大上、易於記憶、傳播，但「一」字其實容易讓人產生誤解，彷彿它是真理，永遠不會改變。

且第一性原理無法經由運氣或所謂的天賦取得，以第一性原理來思考的人，必須經歷長期觀察、實踐、思考，才能靠自身的洞察中獲得，這對多數人而言其實是個「利好」的屬性。

有些人會把成功歸結於「天賦」，或許有些成功人士真的天賦異稟，但這絕不是他成功的主因，其中還包含自身努力和洞察的眼光，不可能一蹴可幾。

看完上述，如果你還是無法理解第一性原理也沒關係，畢竟這個思維本身確實略為複雜，所以也不用在心裡糾結，筆者再多分享一些具體實例你就會明白了。先簡單總結如下：「第一性原理」是任何特定系統中最底層的「本質」，任何系統的「第一性原理」改變，都會「實質」改變該系統。是不是覺得更複雜了？筆者試舉最熟悉的「加薪」案例，相信你就能輕易明白。

我們可以把個人能力在社會的市場價值視為一個系統，若以第一性原理來思考，它的本質包含產業市值、從業人數比例、職位貢獻度、個人的不可替代性（競爭優勢）。所以，倘若你想提高自己的薪資，以第一性原理的角度，你可以做的是……

- 轉換跑道至一個市場更大的產業，例如半導體或AI、元宇宙等。
- 尋找從業人數少的產業（類似物以稀為貴），例如從事「引水人」薪資可驚人地高！
- 提升核心競爭力，強化競爭優勢，例如持續接受培訓，終身學習！
- 轉調工作職位，從行政轉到銷售。眾所皆知，業務戰將薪資特高！

有些人會用其他理由爭取加薪，諸如「我在公司沒有功勞也有苦勞」、「不加薪便離職」等，但這些說法並不成立，因為沒有觸及問題本質，跟第一性原理沒有相關。當然，若你從剛入職，老闆便用低於市場行情的薪資聘用你，那就另當別論了，可以試著捍衛自己的權利，打擊慣老闆，哪怕沒有野心，也不能糊里糊塗的任人宰割。

那究竟如何以第一性原理思考，直搗問題核心，看出本質呢？

在華人社會所受到的教育，都是教我們以「記憶」為主，用背誦的方式學習。其實這樣的方式並不具邏輯性，若想以第一性原理進行思考，那你就要培養出一種思維習慣，更準確的說是要訓練出一種洞察抽象事物的「敏銳度」。培養第一性原理的思考習慣一般有兩個方向，筆者探討如下。

由內而外，自建好奇心的驅動程式

所謂的由內而外，是要你永遠「不能滿足於表面的淺顯解釋」，要像嬰兒探索世界一樣，無需任何外部激勵，以本能的好奇作為驅動力。談到好奇心，很多人腦中浮現的可能是路上一群人聚在一起，不知道看什麼，所以你很好奇；或是明星的八卦、醜聞，讓你感到好奇，最近討論度最高的不外乎是藝人大S和前夫的糾紛了吧？更把頂級床墊品牌炒到高點。

諸如此類的好奇，是屬於「獵奇式」的好奇，是錯誤的案例。筆者所指的好奇心，是「科學、文化」素養類的好奇心，絕不止於表面，要往真相探究，具備這份好奇心，能讓你在任何時候，都能應用第一性原理，深入問題核心、探究本質，理出最適合的方法和答案。

那又何謂「不能滿足於表面的淺顯解釋」

呢？好比筆者對歷史有相當濃厚的興趣，經常閱覽歷史有關的報導和文章，更因為自己酷愛歷史，所以特別開設新絲路視頻，講述歷史真相。假設你問我為什麼當初是秦國統一全國，而不是其他國家呢？如果是表面的答案，那我會回答是因為秦國當時兵力強大，將其他國家全都收併。一般人聽到這樣的回答，可能會覺得成王敗寇，所以由秦國統一天下很合理，但這樣的思考模式就脫離了第一性原理了。

一般人的好奇心都停留在表面解釋的階段，只要問題獲得解答便就此打住，不曾想說要再去探討更深一層的原因，為什麼秦國的兵力強大？還是他們作戰策略很厲害呢？因為只要仔細調查，你便會知道其實戰國時期屬魏國與趙國的軍備實力最強，但他們卻無法統一中原。且在近代的世界大戰中，當時的軍事實力強國，最終都是戰敗國。

可以見得打仗看的不單單只有軍備能力而已，若持續探究，可以去查閱歷史，你會明白秦國是因為聽從商鞅的建議，實施改革、富國強兵，也就是著名的商鞅變法，奠定秦國在戰國七雄的雄厚實力，對秦國的崛起發揮重要的作用，但這樣的解釋是否就讓你滿足了呢？

◀秦始皇

假如你繼續往下深掘歷史的真相，其實商鞅的思想肯定也是從其他各國的治理模式，加以改良、完善而來。商鞅在秦國施行變法，使秦國經濟發達、軍事強大，為秦始皇奠定統一中國的基礎，更用法家思想的官僚政治代替春秋時代的貴族政治，陽儒陰法的政治模式為漢朝所繼承，並持續影響後代二千多年。

之前有部很紅的歷史劇《羋月傳》，當時各國君王娶的是其他國家的公主，之後成為王后，而身居上位後，誰會不利用娘家關係，私下培養自己的勢力呢？平時外戚不會過於興風作浪，即便所處國家的君王要攻打母國，也會隱忍、把情緒收起來，不會傻傻挺身捍衛，使自己在現在身處的國家中無法生存，可若是面臨國家存亡的關鍵戰爭時，他們肯定就會跳出來了。這就好比在近代的世界大戰爆發時，旅居各地作研究的科學家們，紛紛會萌生愛國之心，即便放棄大好前程，也不願背棄自己的祖國。

而在秦代的正史記載，秦始皇畢生都沒有冊立過皇后，雖可以透過歷史資料得知有明媒正娶過一位正妻，史家推測出為楚國公主羋氏，但所有的史籍資料中都沒有關於秦始皇后的記錄，即便沒有立后，他仍在統一前率先清除楚、韓、趙的外戚勢力，掃平可能造成裙帶關係的重大阻礙，以利一統大業。

以上這些背後的原因，都需要你具備「不能滿足於表面淺顯解釋」的好奇心，習慣以第一性原理的角度思考，才能挖掘出來，發現問題的本質。這樣的好奇心培養，不需要任何門檻，也不需要天才專有的天賦，只要在心中針對問題多問幾次為什麼，並多累積些蒐集資料的汗水即可。

現在取得資料的途徑非常方便，這也要多虧了剛剛前文提到想讓使用者「便利地獲取內容」的Google創辦人，當然不是特別感謝他們二人，而是要感謝這些從第一性原理出發，想讓世界更好的科學家和企業家們。只要你培養出這種「不滿足於表面淺顯解釋」的思考習慣，久而久之必會讓你「戳中問題本質」的能力躍升，呈指數型成長。

好奇心可以視為你內建的驅動程式，讓你得以由內而外地以第一性原理思考，但它仍稍嫌不足，可能會因為你的認知而受到局限性的制約，誠如前面章節提到的，在解構一個問題的過程中，需要專業領域的相關知識，而這就需要花費大量的學習時間，馬斯克若要解構火箭，他勢必也要研讀航太知識。

好比你在解數學的幾何題時，倘若你不知道可以畫輔助線來助你釐清幾何

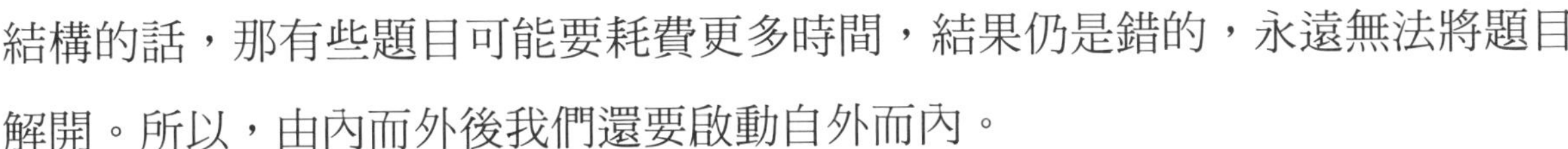

結構的話，那有些題目可能要耗費更多時間，結果仍是錯的，永遠無法將題目解開。所以，由內而外後我們還要啟動自外而內。

自外而內，打破僵化思維

剛剛有提到華人社會的教育以「記憶」為主，也就是大家常說的「背多分」，但填鴨式教育和升學考試制度，其實是扼殺了現在年輕人的創造力，也無法培養閱讀能力、理解能力，政策把教育變成有目的性的事情，更帶有一點功利性。在如此觀念常年灌輸下，讓學生和家長認為「讀書＝考好試＝成就」，形成一個恆等式，使閱讀變成一件功利性行為，以致於脫離學校後，就不願意再閱讀學習，只看跟工作有關的書，沒有相關就不看。

閱讀其實就是前段所指的幾何題輔助線，但相信一定會有人覺得自己在休閒時間也都在閱讀，涉取大量資訊，可是怎麼都沒有感覺自己有什麼實質變化呢？這是因為你的閱讀沒有符合學習的第一性原理。

你是不是覺得怎麼樣的閱讀方式也跟第一性原理有關，認為相當不可思議吧？一般人若想認真學習，可能會在網路上找一些高效學習的辦法或是參加付費的線上或實體知識型課程，其實這類課程並沒有不好，重點在於你吸收的是否有成效呢？

只要你放棄功利心態，打從心底的想學習而去涉取資訊的話，你會發現處處都能得到啟發。以彈簧為例，假如你用力將彈簧往下壓，如果壓得越低，它是不是會反彈的越高？試問彈簧為什麼會彈起來？因為它要恢復原先的平衡。

而我們的大腦一樣存在著類似於彈簧的反彈機制，若你想要取得實質的進步，就要施加一定的外部壓力才行，把原先固化的思維打破，這樣才能獲得更強勁的彈力。但如果你過於急功近利，給予超出負荷的壓力，就可能產生反效果，彈簧若會說話，絕對會向你喊痛，套用在人身上也是一樣的道理，思維受到施壓的話會讓人感覺不舒服。

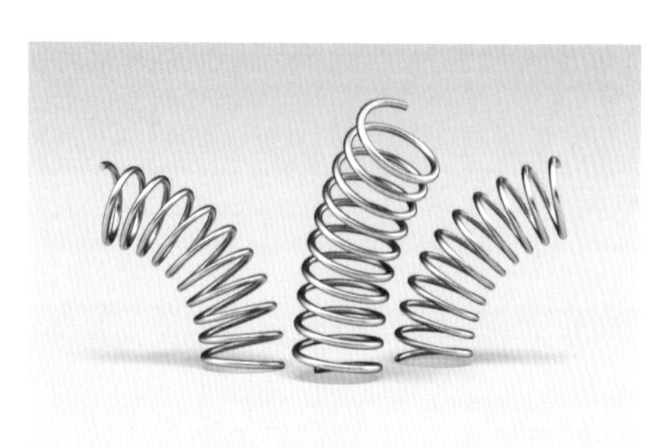

這也是為什麼你涉取大量資訊，卻沒有感覺到自己有實質變化的原因，因為你所閱讀、學習的內容是處於舒適範圍，即便閱讀大量書籍，但你的思維卻處於平衡狀態。所以，學習的第一性原理重點在於要先讓自己的思維失去平衡，學習新鮮的事物，挑戰不同的領域。

生命科學有提到一些理論，對絕大多數細胞生命體來說，平衡等同於死亡！什麼意思？一般健康者的心臟跳動是非常不規律的，會因為環境、心情有所起伏，只有在臨終前心臟才會趨於平整，漸漸不再有明顯波動。而我們的腦細胞也跟心臟細胞一樣，若你的學習總處於舒服模式，趨近於平衡，那你的大腦神經就不會產生變化，自然不容易迸發出靈感。

所以，如果你是屬於挑自己喜歡的書閱讀，那就等同於是功利讀書，根本不明白筆者所說的彈簧啟發，自然也不會有改變。馬斯克建議大家從底層知識、底層理論開始學習，培養遷移學習的能力，而且能夠做到跨領域學習，但絕大多數的人總把馬斯克的成功，歸因於他異於常人投入心力工作的時間，或者他對未來有一種顛覆現實的想像力，還有他難以置信的適應力。

其實很多人都有上述這些特質，一般傳統觀點認為，要成為頂尖人才，應該專注於某一特定領域，但這是不對的！因為這樣等同於處於自己的舒適圈中。馬斯克是徹底貫徹第一性原理學習的人，專業知識涵蓋了火箭科學、工程學、物理學、人工智慧、太陽動力能源等領域，且未來還會再持續增加。

因此，我們為了增加自身取得突破性成功的機會和機率，必須跨領域學習。例如你身處科技業，同僚們只閱讀科技類刊物，但如果你還掌握生物學知識，那麼你就可能想出一些別人想不到的點子；同理，如果你在生物產業，但是你同時還了解人工智慧，那麼你將比其他只懂生物的人更具競爭優勢。這種跳脫原先平衡圈，跨領域學習，也就好比筆者常說的，我們要成為有多種不同專精領域的 π 型人一般。

馬斯克弟弟金巴爾曾說哥哥自青少年時，就每天閱讀兩本不同學科的書。相比較而言，如果你一個月讀一本書，馬斯克的閱讀量是你的六十倍。且馬斯克的閱讀涵蓋科幻小說、哲學、宗教、程式語言、科學家、工程師和企業家的傳記……等，隨著年齡增長，他的閱讀和事業興趣又擴展到物理、工程學、產品設計、商業、科技和能源，馬斯克對知識的渴望，使他的彈簧在長久不平衡的狀態下得以越跳越高。

且馬斯克還特別擅長一種非常特別的學習方式，大多數人甚至都沒有意識到，即遷移學習。這是指把某領域學習到的內容應用到另一領域之中，也可以是把某行業學習到的內容應用到另一行業，這正是馬斯克所擅長的，好比他有許多技術是火箭跟電動車可以通用的，遷移學習造就了馬斯克的「躍遷」！

一個優秀的理論框架，能夠為我們探尋任何系統的第一性原理，這正是人類思維有別於其他物

種的絕對優勢：知識的遷移及創造性應用。所以筆者才會強調「非功利閱讀」的巨大價值，憑著自身的興趣、好奇心引導，能讓你永久掌握更多的理論，而這些思維框架又能反過來為你探尋工作、生活中的各種第一性原理，超越自身認知的局限性，像馬斯克一般，讓眾人原本認為的不可能變成可能。

相信很多人都曾受困於一種詭異的狀態，明明意識到生活或工作中出了問題，但無論怎麼努力都沒法消滅其中的「不滿」。這種情況筆者幾乎可以肯定是因為你的努力並沒有真正觸及「問題領域」的第一性原理。

所幸第一性原理的思考方式並非難以觸及，是所有人都可以習得的，只要先由內而外培養出自己的好奇心，對凡事均不滿足於簡單的解釋，直到獲取一個邏輯，經得起任何事實證據批判的解釋，而這個解釋通常就可以被認定為第一性原理思考法。然後再自外而內：以好奇的天性出發，持續吸納外部「多元化」知識，不求多但求質，也就是重質不重量的概念，輔助你跳出認知的局限，從而達成能確實直擊問題本質的第一性原理思維。

筆者所謂的由內而外再自外而內，並非二選一的孤立方案，而是彼此交融，互相強化的連結，先打造思維驅動力，形成尋找、分析問題的思路；而後為自己提供更好的思考工具、啟示。

就好比馬斯克把知識解構為若干個基本原理，在Reddit（一個娛樂、社交及新聞網站，類似電子布告欄系統，使用者可以在網站上發布文字或連結）上這麼說道：「很重要的一點是把知識當作一棵語義樹，確保你理解基本原理，正如樹幹和核心的分支，再尋求樹葉/細節，不然它們就無處依附。」而這樹幹和樹葉所代表的即是基本原理和細節知識。

這也是馬斯克對世界看法與多數人不同的最大原因之一，因為他把所有問題都打破，把問題中涉及的知識解構為基本原理和第一性原理。這其實並不容易，學習過程是非常費力的，要想理解Tesla為何如此重要，就要了解整個交通演進的歷史，這需要極大的耐心。

正如亞伯拉罕·林肯（Abraham Lincoln）所說：「如果給我六個小時的時間來砍樹，我會將前四個小時都用來磨斧頭。」知識和想法通常需要花更長時間才能穿越這樣的知識塊，而且在這個過程中訊息和想法經常會被扭曲或丟失。一個擁有無數細節但是根基薄弱的知識體系是站不住腳的，這就好比一棵擁有無數樹葉但樹幹很細的樹一樣。所以，透過第一性原理思考需要付出額外的努力、耐心和時間，但這種付出肯定是值得的。

3 用第一性原理解決超級難題

剛剛有談到我們的教育模式屬填鴨式教育，僅是為了應付升學考試制度，這樣的教育模式也導致現在的人解決問題的方法只曉得「是非題」和「選擇題」的單一思考形式，若碰到問題，那就依據過往的經驗、直覺想出答案，不會想說有沒有複選的答案，更不會將問題視為一種申論題，深入思考問題產生的原因，每每遇到問題都僅僅是暫時解決，過沒多久問題可能還會重複發生。

一般可以將問題分成三個層次。

- 問題表象：針對問題表面進行緊急處置，未深入解決問題核心。
- 形成問題的初步原因：找出對應初步原因的解決方法，也就是所謂的治標。好比最近家中水費比較貴，降低水費最直接的辦法就是減少用水量，原先可能每週泡澡兩次，那現在就減少次數或是都淋浴，但這只是治標、暫時的防堵對策。
- 問題本質：唯有找出問題的核心，才能把整個狀況根治，高昂的水費跟用水量絕對相關，但減少用水量後，問題是不是真的解決了呢？可以再深入了解一下，可能是家中管線出問題，水管破掉或是水龍頭關不緊，這才是治本，真正的永久對策。

另外還有未發生和已發生的問題，然後對應出先知先覺和後知後覺的人，而要想從後知後覺變為先知先覺的人，就要試著練習事先預想下週、這個月甚至是下個月可能會發生什麼事情？然後針對這些可能發生或確定會發生的問題進行分類。

- 要執行的計畫內事件，這是已經安排好的重要任務，又可分重要緊急和重要但不緊急。
- 突發性、意料之外的緊急狀況，不在計畫之中。
- 不那麼重要或緊急，但會對我們產生干擾的雜事。

第一種是對你來說最重要的事情，必須排進行事曆中，優先完成。其次則是意料之外的事情，發生的時候容易讓人有焦慮感，產生一種「必須趕快處理」的假象，必須放下手邊正在進行的工作，先行處理的B事件。

所以關鍵在於小心判斷B事件究竟是不是那麼重要又緊急？舉例來說，未接來電、訊息和郵件通知，都算是突然發生的B事件。可能是客戶突然想改東西，想和你討論事情……等等，不在計畫之中的事情突然冒出來，你必須判斷這件事是否優先處理，最怕原先手上的A事件沒有處理好，就趕著先解決B事件，結果兩件事都處理得不大完美。

第三點為一些瑣碎的事情，你知道這件事必須處理，但因為微不足道，所以不會想著要處理，等有空閒時間才拿出來。

針對處理問題這件事情，筆者會建議大家可以把60%的時間放在緊急且重要的事情上，用30%的時間處理重要但不緊急的事情，剩下的10%才考慮急卻不重要的事。至於第三點的瑣碎事情等有空閒時間再處理，或是安插在零碎的空檔中。

就筆者觀察，一般人大多會花費70%的時間處理緊急但不重要的事情，更忘了留一些時間來考慮自己未來的方向和可能遇到的問題。若對自己處理事情的方式沒有找出根本原因，也就是問題的本質，而這問題現在變成「自己」，那你每天就光忙著救火而已，時間久了你會發現自己其實根本是瞎忙一場。英國消防單位花很多時間向民眾宣導發生火災時該如何應變，這算是不急卻很重要的事情，倘若不事先宣導，那真的不幸發生火災時，就會變成又急又重要的大問題。

馬斯克近年來備受各界推崇，更成為大家學習的對象，假如老天爺給你一個能擁有馬斯克一樣東西的機會，你會想選什麼呢？你可能心中馬上會浮現馬斯克的財富，但不曉得你有沒有聽過一句話是，一個人若沒有相匹配的認知或能力，你擁有的東西最終也會從手中溜走？

筆者個人不會選擇馬斯克的財富，因為我覺得自己的錢夠用了，要給兒女的部分也已預留好，現在我最想做的事情就是環遊世界，到各個國家旅遊看看，當然也不排除外太空這個選項，所以如果能獲得一個機會，筆者可能會想選擇搭乘火箭到外太空、到火星的機會。

當然，能獲得馬斯克的大腦也是相當不錯的，但筆者所指的自然不是人體的器官，而是他的思維模型，有了他的思維模型，不管是解決難題還是釋放創造力，自然都不在話下，要想擁有財富也應該會輕而易舉！

且未來人們有可能都生活於元宇宙之中，衣食住行的相關生產可能將完全失去意義，元宇宙甚至不用類比現實，只要向人體神經元提供感官刺激即可，借助腦機介面的交互技術，將大腦意識上傳到虛擬空間，擺脫物理軀殼的束縛。若未來只要靠意識便能獲得永生，那馬斯克的大腦勢必就更為值錢了吧？

但自然是不會發生天上掉餡餅的事情，老天爺不可能給我們這個機會，所以才要學會馬斯克提倡的第一性原理思維，將複雜的問題分解為最根本的真理，從原點開始推理、加工，創造出意想不到的結果。

筆者以主廚和普通廚師來比喻第一性原理和一般的思考模式，可能很多人會覺得不就是廚師嗎？搞不懂之間的區別在哪裡，其實兩者之間有著根本的不同。

普通廚師是根據食譜和經驗做菜，有些普通

廚師或許可以憑藉著自身經驗，對菜品加以改良，但要他想出新的菜單有難度。反之，主廚則是發明新菜式的人，他知道每種食材的特性，知道該如何搭配、調味最好，且每隔一段時間便能推陳出新。

又比如新任Microsoft執行長納德拉（Satya Nadella），他在出任執行長職位時其實不被看好，因行動裝置發展的衝擊下，Microsoft的電腦軟體銷量嚴重下滑，Windows系統和Office軟體也受到影響，致使公司陷入停滯的狀態，公司市值從6,000多億美元跌至2,000億美元。

而納德拉上位後，試著重新探索Microsoft創立的初衷為何，回歸本質，以第一性原理的角度思考，重塑企業願景和價值觀，Microsoft最初的願景為「讓每個家庭、每張辦公桌上都有一台電腦」，但沒想到現在逐漸變為以「生產」電腦和軟體為目標的公司，於是納德拉將Microsoft重新定義為賦能大眾的企業，不僅僅是為個人賦能，還能為組織賦能，使每個人、每個組織都能獲得強大的技術支援，納德拉進行一系列的改革，終於讓Microsoft從谷底重回顛峰。

好比小朋友都有著強大的好奇心，每天追問著父母「為什麼」，但隨著年紀的增長，便逐漸失去了探究事物的動力。在職場上尤其明顯，初入職場時你可能還充滿著抱負，但時間久了你可能就會變成老闆要什麼，我們就給什麼的心態。

當然，我們沒有必要每件事都弄清楚，筆者只是想說，如果一旦習慣了這種模式，久了就不會再去思考了，所以我們要懂得在必要的時候，使用第一性原理親自審視最底層的事實，釐清事情全貌，做出最好的處理辦法。

但第一性原理這種思考方法非常耗費腦力，需要透過外顯現象找到最本質的核心，以最真實的元素作為基礎，在電池的例子中，如果馬斯克歸因的結果是供應商的問題，說服他們降價，那不僅會導致關係緊張，也無法解決問題。

其次，從第一性原理推演的過程需要嚴密的邏輯關係，這也需要知識儲備，生活經驗和思維訓練。

最後，你很有可能是孤獨前行，當你使用第一性原理提出一個解決方案，可能沒有人支持你，因為其他人還受限於思維模式而無法理解，直到你取得真正的成果。

第一性原理，簡單上手

相信大家一定都會覺得第一性原理太過於抽象，不知道該如何以此思維來思考，以馬斯克的例子來看，可能真的會讓人覺得複雜，且要有相關的知識背景才行。若以我們一般人來說，其實不用想得那麼複雜，筆者提供以下方法：

① 多問幾個為什麼？

前面章節有提過，我們建立一個由內而外的好奇心驅動程式，好奇心是我們尋求知識的內在動力之一，好奇心可以讓我們不斷追問某個問題，使我們的思考保持活躍，而這正是批判性思考需要的原動力。

那用什麼方式建立最簡單又最快呢？就是多問幾個為什麼（Why）。比如小朋友最常問為什麼天上有那麼多星星？為什麼太陽下山天就黑了？《思考的藝術》中寫到，作者還是一名年輕工程師時，他的老闆意識到如果員工缺乏好奇心，對公司的發展絕對不是好現象。

於是老闆把他的想法分享給員工，在作者到職的第一天，老闆就替他安排工作：「接下來的一週，你除了在工廠周邊散步外，什麼都不用做。你唯一的任務就是對你所看到的一切東西提問，並且記錄下來。每天下班前半小時與我分享你的問題。」一開始，作者並不理解這樣的任務，但他還是按照老闆的要求執行，每天都去走訪不同的部門，把他遇到的所有問題記錄下來。

一週後，作者記錄問題的清單越來越長，而且在每天下午和老闆的交談中，他一步步深入了解自己的工作。接下來，老闆又要求他和其他幾位工程師一起，發展一項特別的工作，就是以孩子的視角，充滿好奇心的對待每件事物，以便更有效的思考問題。

- 生產線上完成的產品，都是必要的嗎？
- 還有沒有其他方法？
- 有沒有更簡潔有效、安全又經濟的工作流程？
- 對人才的要求高嗎？

在不斷提出問題並追尋答案的過程中，公司的成本逐漸縮減，而他和其他新人也迅速成長。這就是好奇心下的積極力量，不斷地追問、不斷地探索，把問題與爭議以最有效的方法解決掉，並得出最好的結論。

② 問答式對話

問答式對話又稱蘇格拉底式質疑，蘇格拉底（Socrates）是希臘早期的哲學家，他認為應以有組織、有條理的對話，激發學生的邏輯思考，來驗證各種觀點。為師者不應透露太多知識或訊息，才能讓學生透過對話思考探索，學生可藉由這種「問答交流」，有效掌握主題相關知識，以「提問」取代「答案」。

- 澄清語意（類似釐清規則）。
- 找出規則（類似找出問題本質/原理）。
- 提出證據（解決辦法）。

蘇格拉底式對話關注的是思考歷程本身，而不是思考的結果，這就好比我們以第一性原理來思考，可能得出不只一種解決辦法。結果只要合乎邏輯，都可以被接受是「正確」的答案，而對的答案往往不會只有一個，兩個相反的答案也能同時存在。

為什麼？因為唯一正確的標準答案並不存在，真理不存於邏輯中，所有被認為是真理的，都應該只能視為「還沒有被推翻的假設」。這個過程能防止我們依賴直覺和情緒的捷徑，真正建構能夠持久的知識。

這個思維方式很重要，但實踐起來又很艱難，跟生活中很多事情一樣。我自己也在不斷練習，但知識的力量在於，你知道的一剎那其實它就已經在發揮力量了。下一次你不停追問，而別人說你很煩的時候，你知道錯不在你，是他們沒有面對無知的勇氣。

馬斯克、巴菲特和查理・蒙格都是第一性原理的愛好者。前面有提到蒙格的名言：「在商界有一條非常有用的古老準則，它分成兩步：第一步，找到一個簡單的基本道理。第二步，非常嚴格地按照這個道理行事。」

這是不是就是採用第一性原理做事？在巴菲特和蒙格建立的投資價值理論中，他們有一條「能力圈原則」。這條原則的基本道理很簡單：每個人都有能力圈。擴大能力圈很重要，但你要在自己的能力圈之內去競爭才不會輸！

筆者思考過自己面對問題的經驗，有些人常得意自己擺平過很多問題，但其實他更常被問題徹底擺平。前者跟後者的差別，我覺得不在於擁有解決問題的技巧與方法，反倒是面對問題時所抱持的「態度」，尤其是面對「以人為主」的問題更是明顯，讓自己保持在一個解決問題的最佳心境。

不知道你有沒有注意過，像曾亞妮、陳彥博這樣世界級的選手，記者在訪問他們時，常常聽到他們「正在調整最佳狀況」，而很少聽他們說這次在練習什麼樣的絕招。筆者想解決問題跟上場比賽也是一樣的道理，技巧固然重要，但更關鍵的是調整自己面對問題的心態和思維。

4 問題之所以產生，是因為跟現實有落差

為什麼問題不能解決？以為已經解決了，解決方案卻沒有效果，又是為什麼？或者無法解決的問題堆積如山，完全不知道下一步該怎麼走，究竟原因何在？這是因為在解決方案之前的階段，對「問題」的掌握方式就出了問題，所以要先深入思考「問題本身」。

諾貝爾經濟學獎得主赫伯特・西蒙（Herbert A. Simon）在《管理決策的新科學》書中描述：「解決問題實際上進行的方式，就是設定目標，發現現狀與目標（應有的景象）之間的差異（落差），為減少那些特定差異，尋找記憶中存在或藉由探索而找出適當或適用的工具或過程。」

好比對一位可以跳到二・三公尺的世界級跳高選手而言，二公尺這個高度對他並不會構成問題，而遠超過世界記錄的二・九公尺，則是無論如何努力都無法達成的，所以也不構成問題。換言之，在商業上的解決方案只限於有實現的可能性，即使沒辦法立刻達成，目標仍必須是實現可能性很高的內容（機率不是零）才行。

舉例，在很多豐腴者心中，認為瘦的人沒有「問題」，因為從豐腴者的角度來看，瘦的人就是理想的體型（應有的景象），也就是說瘦的人是「應有的景象－現狀＝0」，所以沒有問題。

但如果你從瘦子的立場來看，他心中認為的「應有景象」是稍微再胖一點，看起來健康的體型，這樣就產生「問題」了。瘦的人為了將現在的體重增加幾公斤，透過上健身房鍛鍊肌肉或游泳增加體力等，朝向自己的「應有的景象」執行解決方案。

也就是說，問題就是「應有的景象」與「現狀」之間的「落差」，它潛藏於產生「落差」結構中的某處。

常有學員向筆者諮詢，我發現學員們舉出各式各樣的問題點，同時會提到他自己想的解決方案或執行解決方案時遇到的障礙。但聽完他的長篇大論後，反問他：「那麼，你想怎麼辦呢？」很多人就忽然詞窮，回答不出來了。

這種情形大多是因為當事人迷失了「應有的景象」。所以筆者當下會建議他去思考做為目標的「應有的景象」為何，因為只集中於思考目標，其他的阻礙原因就會先被趕到一旁。當他心中的「應有的景象」越來越清楚，就可以看見與「現狀」的「落差」了，自然也能夠看見解決的辦法，靠自己的能力去解決了。

也就是說我只不過是問「應有的景象是什麼」？但一般在發現問題的過程中常常會忽略這個部分。又例如，即使狀況相同，當事人所處的立場或位置不同，掌握問題的角度也會不同，往往還會有解決方案的方向完全相反的情形。有些情形甚至沒有訂立問題的先後順序，直接散亂無章地就想解決問題，造成資源分散，導致什麼問題都沒有解決。

想想現今複雜且變化劇烈的社會，就知道發現問題的最初基礎尤其重要，這是不言自明的道理。首先，自己希望怎麼樣，清楚地確定做為目標的「應有的景象」，掌握「現狀」，並認知其間的「落差」是今後該處理的問題。

假設某公司內部有各式各樣的經營課題。雖然各個問題分開來看都並非無法解決的問題，但大部分的問題都處於未解決的情形下，營業額已經連續三期負成長，收益連續二期赤字，老闆因為找不到有力的對策感到非常頭痛。

他為了找出經營上的本質問題在哪，逐一對部門負責人、中階管理者以及現場負責人進行面談，甚至是洽電詢問客戶意見。一問之下，他發現了一連串的問題……

市場環境與競爭環境急遽變化，技術不斷革新，事業牽涉的商業規則已大幅度改變。因此，與創業當時單純且變化小的商業環境大不相同，所有地方都需要快速且大膽的回應，如今面對的已是經營難度極高的市場環境。

更嚴重的問題是，儘管環境已改變如此劇烈，因為用於解決經營課題的技巧不夠純熟，所以問題的處理方式散漫無章。再加上，即使課題相同，但依部門或管理職的階層不同，狀況的處理方式也常有180度的差異，問題究竟是什麼，應該從哪裡著手，公司連這些大方向都處於混亂的狀態。

就關鍵技術能力、技術人員的素質、專利對應能力來看，有的足以贏過競爭對手，有的是完全沒有競爭力。但真正情況到底是如何，沒有人知道答案。短時間內冒出許多問題，其中有許多是真正的問題，卻也夾雜許多表象的問題，在這樣混雜的狀況下，完全無法看清究竟從哪裡、為什麼產生這些問題，也就是還看不清楚「問題發生的機制」。因此，在擬定解決方案之前，完全無從分配經營資源，不曉得該從哪個問題開始解決才好。

這樣的情況其實相當常見，這其中存在著企業的問題遲遲無法解決的最大原因，由於商業牽涉的狀況複雜以及部門或職位等立場不同，造成「難以理解問題是從哪裡、如何產生的結構及機制」，加上全公司「對問題還未達到一定的共識」，所以無法朝著解決問題的共同方向，一致性地掌握問題。

企業應該逐一根據事實，正確地掌握複雜的「現狀」，並釐清問題發生的機制與結構，然後從組織面來設計系統，才能用超越的立場以謀求將問題共有化，將「應有的景象」以全體人員都看得見的形式展現，如此才能看見公司應該聚焦面對的問題。

在商業活動上，發現問題階段就已決定相當大的部分，其原因在於問題的設定是否切中要點，是決定最終解決方案的方向性和品質的關鍵。但筆者在聽過很多學員的案例後，發現他們都沒有察覺這一點，總著急地想提升解決方案的準確度。無論你下多少工夫都無法收到成效的時候，筆者會建議你先試著重新檢視「問題」本身，只要問題明確，解決方案的準確度絕對能大幅提升。

先Know Why再Know How

以前筆者總會告訴學員Know How才是最重要的，但我發現很多人都只曉得執行，不會去弄懂為什麼執行，或是去思考這樣的方法是否確實可行？所以，必須先Know Why再Know How，請先思考「這個問題是什麼」，具備發現問題的能力，你才知道可能產生哪些狀況，以提出最好的解決辦法。

即使了解「問題」本身是非常重要的，但仍有許多人無法發現問題，而無法有效解決。下面筆者想討論一下無法發現問題的原因。

剛剛有提出問題是「應有的景象」與「現狀」之間的落差，所以如果你無法確實描述做為發現問題前提的「應有的景象」，就沒有辦法準確設定問題。那為何沒有辦法描述「應有的景象」呢？

❶ 缺乏構思力及目標設定力

所謂「應有的景象」，換句話說就是應達成的「理想」或「目標」，如果你無法構思、設定這個理想，自然無法認知與現狀的落差，看不見應該處理的問題為何。即使對現狀感到不安或不滿，如果不能對「應有的景象」有概念，就看不見與「現狀」的落差，自然也看不見問題。

如此一來，等問題浮出檯面後，就只能被動地被事後處理的工作窮追猛打，而本質上重要的問題只能一再往後延，結果什麼問題都沒解決，陷入進退兩難的窘境。

❷ 沒有意識到社會變遷

「應有的景象」會隨著社會的變遷而產生質變，有些人未能認知到這種隨著大環境在新舊規範間所發生的差異，因而繼續抱持著以往的問題不放，但是忘了課題（問題）應該配合社會型態重新設定。例如，就像是共產國家從社會主義經濟改變為自由主義經濟，仍改不了用社會主義經濟的想法處理商業事務一般。

但有時候即使可以正確看見「應有的景象」，卻仍會設定錯問題，為什麼

呢？這是因為你對「現狀」的認識可能太淺或有所錯誤，而一般阻礙正確掌握「現狀」的原因討論如下。

① 欠缺分析技巧

現在很多人都講究SOP模式執行，只曉得遵循著手冊或條例上的指示辦事，尋找符合「現狀」的標籤指引，以至於一味地想著該如何「處理」，也就是筆者前面所說的Know How行事，不懂得去分析現狀，掌握問題的本質。

② 缺乏正視「現狀」的問題意識

當事人必須自己感覺「現狀」有些奇怪或是問題，才會嘗試去解決問題，但為了正確掌握「問題為何」，就必須正確掌握「現狀」。然而，即使具備了模糊的問題意識，如果沒有正視「現狀」，一般仍無法正確設定問題，也就是即使感覺到有「問題」，卻欠缺正視「現狀」的意識。

早年正視「現狀」的問題意識欠缺、麻痹的狀況忽然在很多地方出現，好比早期台灣首起鎘米污染事件，1982年桃園市觀音區大潭村因高銀化工排放含鎘廢水，農地遭受污染而種出鎘米。高銀化工當時以進口鎘條為原料，生產含鎘和鉛的塑膠安定劑，製程中會排出含高濃度鎘的工業廢水，由於未經妥善處理就排入農田旁灌溉渠道，造成農地遭受污染而種出含有「鎘」的稻米。吃進被鎘污染的農作物，大量的鎘會沈積在肝及腎，腎小管的功能受損後會使蛋白質及鈣由尿中流失，引發軟骨症、自發性骨折及全身到處疼痛，也就是所謂的痛痛病或骨癌病。

原本該是「萬無一失」的環境檢驗體制崩解，第一起「痛痛病」患者出現，以及之後陸續出現疼痛的受害者，當地工廠仍遲遲不肯直視「現狀」，當然有可能是認為不會是排放廢水所造成，也可能是對「現狀」過度自信，而蒙蔽了直視「現狀」的眼睛，但不管如何都可歸類於缺乏正視現狀的意識。

無論哪一家企業，對於希望讓消費者感到安全、安心，或對產品要求的品質水準有所設定，所謂「應有的景象」應該都有充分的認知，對於「現狀」的品質和性能也應該有充分的認知。應該具有標準化的製造過程，以品管為核心，每天用於處理問題的體制也具備了，那究竟為什麼還會發生駭人聽聞的事件？

或許是在進行自動化的製造現場，由於已經固定存在優良系統的「現狀」，因此無法藉由人的眼睛去認識現狀，而產生了發現問題方面巨大的漏洞；或者是太過重視其他需要優先處理的問題，而刻意隱匿較小的問題；又或者是太過拘泥於理想的系統，所以無法直視現實的問題。

雖然追究原因很難一言以蔽之，但是至少沒有明確掌握「現狀」而設定重要的處理課題這部分是可以確定的，未能正確認識「現狀」，而無法前進到解決問題階段的例子，不論是在個人還是企業都非常常見。

如果只掌握表面的問題，而不能深入挖掘出應該解決的問題，就不能進展到具體解決問題的步驟。即使深入追究問題到具體的程度，也可能由於造成落差的原因各式各樣，而無法定出先後順序，解決方案也會變得散亂無章。於是，策略的方向性及用於解決的經營資源變得散亂，最後變成什麼都沒解決就無疾而終。

所以要能透過第一性原理思考來找出問題本質，倘若問題模糊不清，對解決方案的適切性也尚未充分評估便執行的話，就容易在還未討論過問題與解決方案的相關性

前，就馬上付諸行動，這樣解決方案有時完全不能發揮作用，甚至產生更嚴重的新問題。

例如，主管對剛進公司的新人說：「市佔率下降了，所以要想辦法提升市佔率。」這名新人一定不知道該怎麼做，完全摸不著頭緒，就傻傻的坐在座位上傷腦筋。反之換做資深員工，他們心裡可能會覺得主管說的根本解決不了問題，卻還是硬擠出一些辦法提升市佔率，並且去執行。

資深員工這種未經深思熟慮硬擠出來的解決方案，就有可能造成更大的損失，還可能不如愣在原地、一頭霧水的新進員工。像這種案例，時常可見到的情形是根本沒人問「為什麼市佔率下降」這種本質性的問題，收到主管下達提升市佔率的命令，便想盡辦法提出勉強提升市佔率的解決方案。

問題本質具體化，才能找出解決方案

掌握問題的時候，若是將原本必須以個別水平掌握才能看見的真相，忽略其中的差異及分布的偏頗而以平均值觀之，或以總體方式將所有情況混為一談，將會看不見問題的本質。每個問題都各自具有其色彩，若將全部混在一起，就會完全變成黑色，望著那片黑色說「黑色就是有問題，所以把它弄白」實在毫無意義。

因為問題的本質可能是構成黑色的紅色或綠色，如果不能將問題分析到呈現出原色的程度，就無法看見真正的解決方案，所以這也是為何要以第一性原理來思考的主因。

以總體方式掌握問題時，時常會不看問題本質就以平均值來掌握問題。好比欠缺洞察力的學者若不懂得深入挖掘問題的結構，直接抓到表象的問題就想著手解決，大多數時候都是以失敗收場或是變質，變得帶有政治性因素以及其他利益關係。

2008年金融海嘯席捲全球，台灣受創甚深，政府因此發放消費券，提振社會經濟景氣，每人發3,600元。

2020年新冠疫情漫天蓋地而來，肆虐全球、重創經濟，為因應前述嚴峻情勢，各國政府紛紛祭出振興方案，台灣也不例外，先後推出三倍券、五倍券，刺激消費，帶動內需回溫。

- 消費券：2008年金融海嘯衝擊全球經濟，當時行政院建議以發放消費券的方案刺激消費，立法院通過《振興經濟消費券發放特別條例》，於2009年發行「振興經濟消費券」，簡稱「消費券」。
- 三倍券：2020年新冠肺炎肆虐全球，行政院疫情趨緩後，自該年7月推動振興方案，以「好領、好用、好刺激」為原則，發行「振興三倍券」。
- 五倍券：2021年5月，國內新冠肺炎疫情爆發，行政院比照去年三倍券模式推出五倍券，帶動疫情過後經濟發展。

名稱	振興消費券	振興三倍券	振興五倍券
發行方式	普發，僅紙本	普發，分紙本＆數位	普發，分紙本＆數位
預算編列	新台幣858億元	新台幣510億元	新台幣逾1600億元
行政成本	新台幣19.6億元	新台幣22.56億元	新台幣20.85億元
使用期限	2009/1/18~9/30	2020/7/15~12/31	2021/10/15~2022/6/30
效益	GDP達0.28~0.43%	GDP達0.12%~0.53%	尚無GDP相關數字

現今社會的官僚和政治家大多是屬於這種「只處理表面問題的表面解決方案」，認為只要掌握表面問題，快速地解決就可以讓人們安心了。其實不然，有時在執行的過程中，會因為處理方式的邏輯紊亂，導致原本的目標對象或本

意變質，實施的背景受到政治操作，只尋求表面的解決，因而沒有產生預期中的消費連鎖效應，對於景氣復甦也幾乎沒有功效。

2022年也因全國稅收超徵，政府將普發現金6,000元給民眾，與民共享！這意外的「紅包」掀起正反討論，因有約有八成來自企業營業所得稅的超徵，但現今物價通膨，大眾聽到要普發現金都還是非常期待！

可以試著想想自己是不是也經常太急著逼迫出解決方案？殊不知有時候根部遠比心中所想像的要深許多，所以面對一件事情時，一定要將問題的本質具體化，淘洗出根部問題，才能提出最有利且最適宜的解決方案。

但有些人會先想好方案，奔著「解決」問題而去，對於這種方式你會怎麼想呢？會認為「從一開始就思考解決方案來看問題的話，問題可能會被扭曲」，還是認為「一開始就為了思考無法解決的問題而拖拖拉拉，根本是浪費時間，一面思考解決方案，一面思考問題是什麼才是理所當然的」，抑或是「問題與解決方案時常都在頭腦裡相互連結，所以就算想要分開思考也不可能」？

筆者個人認為，第一性原理思維本著找出問題本質，從而迸發出各種不同以往的解決辦法，而非單一解決問題，反而能夠意外收穫創新結果，但如果一開始就想從思考面的解決方案出發，解決方法可能會因此受限，思考範圍變得狹隘。因此，我們要將問題與方案分離，回歸問題本質，從零出發。

假設某企業針對問題有一套解決方案，A方案是以公司系統部門為中心所進行的對策，但公司認定解決問題時，系統部門被縮編了，因此無法執行解決方案，最後決定停止處理問題，原問題則改為不予理會。

之所以出現上述情形，就是因為在處理問題時太過強調解決方案，只要將問題跟解決方案切割，首先思考現在正置身於什麼狀況，就可以認定是必須解決的問題而加以處理，只有這樣，才能思考出解決方案。這樣一來，應該也可以想到如果公司沒有系統部門，也可以用外包來解決問題的方式。因此，以第一性原理來思考問題，從零基準的立場掌握問題本質，才是導出解決方案最近的路。

5 問題解決：理解、分析、重構

藉由第一性原理找出問題後，問題解決的能力又要如何培養呢？解決問題的能力可分為三個部分，分別為：理解、分析、重構。

① 理解：釐清問題脈絡和現狀

要解決一個問題前，首先要做的便是先把問題的脈絡和狀況釐清，才有助於你思考該怎麼做，也就是馬斯克所推崇的第一性原理思維，將所有問題回歸原點，找出基本事實後才能思考下一步。

而在理解的階段，就可能需要用到跟問題相關的知識背景，前面有討論過，以馬斯克來說，若他想要解決火箭發射的問題，那勢必得具備航太知識，不見得要專精，但至少要懂，才能跟他找來的專家們共同討論，把自己希望達成的想法和概念說出來。

另外還會需要資料彙整和目標管理的能力，這些能力都可以隨著工作經歷累積，但若要更進一步探討，就要特別去專研和學習。

② 分析：問題類型和急迫性

當搞清楚問題的狀況後，必須再針對問題進行分析，劃分出問題的規模與類型，找出最重要、必須最先處理的環節，能夠輕易處理的部分可穿插在瑣碎時間中解決，讓問題的處理上有進程規

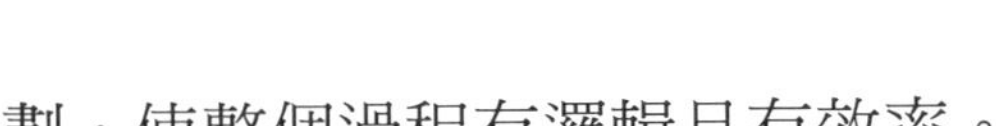

劃，使整個過程有邏輯且有效率。

這裡會使用到的，除上述的知識背景與資訊彙整外，講究敏捷思維、邏輯樹或決策樹與影響分析的能力。提升分析問題的速度與品質，關鍵在於切下去的第一刀，也就是能否找到好的切入點，許多問題往往在這個步驟迎刃而解。

③ 重構：將分析後的問題重組

最後一步驟則是重新構築這些分解後的各類大小問題，也就是將問題重組，能直接處理的就將之轉化為明確的完善計畫；不好解決的問題就找尋資源或向人請益，看能否腦力激盪出自己想不到的辦法，或是設法將影響控制在可接受範圍內，甚至是轉嫁至其他地方。

這個階段需要用到思考力、數據分析與管理、賽局等能力，當然背景知識與資訊彙整也需要。當問題無法解決時，除重新審視該問題外，你也可以換個角度思考，整個過程或許不單單只有「解決」問題而已，思考過程中還能創造出什麼新機會，化危機為轉機，如此一來就不用糾結在此問題上，直接朝新的方向發展。

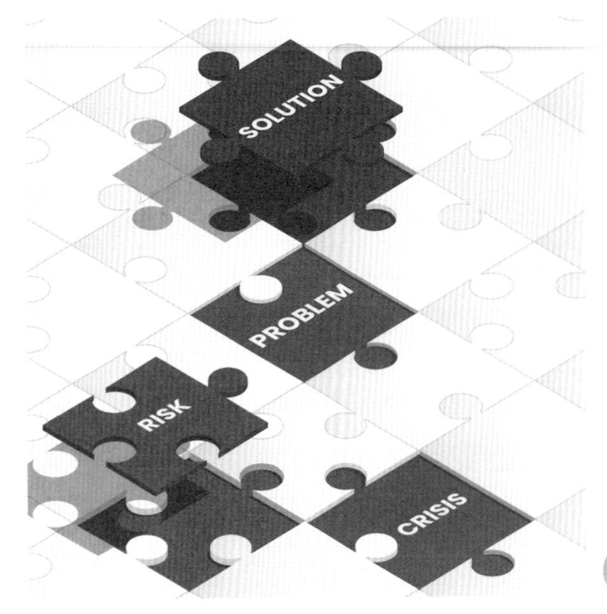

所謂利用第一原理分析問題，是努力打破砂鍋問到底，直逼特定領域的基本事實，你要問的問題是：「我們能斷定確實為真的是什麼？」你非常確定的東西就是基本事實，是你論證中的要項，然後再把這些套用到理論與數據上。重構幾乎永遠都能「建構出更大的架構」，因為重構能開啟之前某種程度上被封住的探索詢問空間。

看完上述解決問題的三大流程，心中有沒有浮現：「怎麼解決個事情還需要這麼多的能力，有好多是我現在不具備的。」其實你不用擔心這點，因為一個人會面對的問題，通常都是漸進式的，你面臨的問題難度取決於你解決問題的方式。

其實每個人日常生活周遭，處處都是問題，但並不是每個人都覺得那會對自己構成困擾，除非你感受到前面章節所討論的：「現況」和「期望」之間的差別。若沒有任何差異或帶來負面影響，那就不是問題。

且如果沒有設定目標，就沒有問題；不了解現況，也不會覺得有問題。若差異在可以承受的範圍內，那我們就會習慣問題。比方說，日子還過得下去就不是問題，可能是因為沒有設定期望的生活水準是什麼樣的目標？可能是沒想過生活的現況是什麼模樣？也可能是月光族，生活剛好還過得去，雖然不滿意但不至於活不下去。

可是只要正視現況與目標，問題就會瞬間浮現在眼前。一般生活中絕大多數的問題，並不需要複雜的能力就能處理。至於複雜難處理的問題，多數人只是持續承受著問題所帶來的影響、接受現況，所以不再是問題。

而工作上的許多問題也因為分工機制，讓每個人扮演好各自的角色；同時透過機器自動化來簡化與處理規律性、可定義的問題。如果你不具備解決複雜困難的問題，也不會被指派去處理，所以多數人不會覺得自己有解決問題能力不足的問題。

但隨著社會的進步、技術提升，困難且複雜的問題越來越多；或是環境驟變，出現了許多新問題來不及反應。這時候就會感受到問題解決能力的不足，比方說Covid-19疫情帶來的各種衝擊，包括經濟、政治、科技與職涯上都出現過去不曾認真思考與解決的問題。

那為什麼有些人在解決問題時，總是有獨到的見解或是能迅速地做出反應呢？筆者想這是因為這類人具備跨域的綜合能力，這也是影響問題解決能力的一項重要因素。因為在一個領域的複雜問題，可能在另一個領域找到簡單的解決方案。

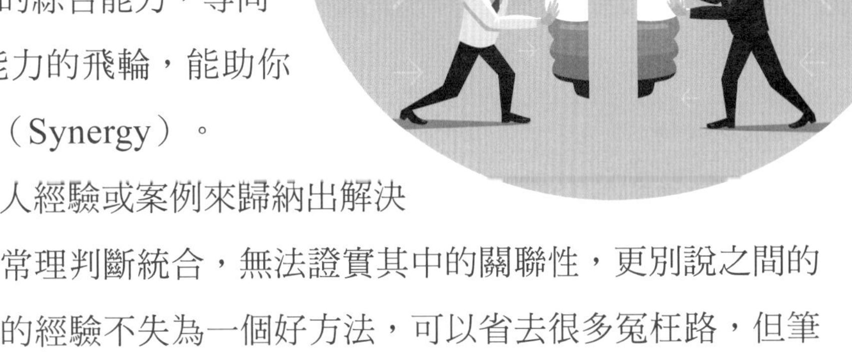

就好比馬斯克的火箭，有好多零組件都是捨棄航太業過往慣用的供應鏈，轉而大量使用消費性電子及汽車產業的標準零件。所以若具備跨領域的綜合能力，等同於獲得提升問題解決能力的飛輪，能助你快速向前，這就是綜效（Synergy）。

一般人都習慣從前人經驗或案例來歸納出解決辦法，但這就只是根據常理判斷統合，無法證實其中的關聯性，更別說之間的因果性。或許聽取前賢的經驗不失為一個好方法，可以省去很多冤枉路，但筆者還是會傾向於以演繹方式發展的第一性原理。

關於跨域綜合能力的養成，筆者可以分享兩點：思維和資源的不設限。

一個人的思維絕對是最重要的！思維可以累積、遷移，不管在哪個領域，都要盡可能地把思維本質摸得透徹；且當你轉換領域時，思想是你唯一可以帶走的東西，以技術來說，只要你轉換跑道，你原先的技能可能就派不上用場了，你會發現自己在新領域可能無能為力。

資源的部分，絕大多數的創新例子往往都是在極度惡劣的條件下產生，不要只想著如果有資源、有能力，我就可以做到什麼樣的程度，你要換個方向思考，倘若你想達成一個目標，自身還欠缺什麼？是否有能力彌補？如果沒有辦法自己處理，那就要向外尋求方法，是不是能以其他方式交換、取得，甚至是透過結盟合作的方式來達成。現在很多認為習以為常或理所當然的事情，在以往你可能連想都不敢想，所以絕對不要設限了，那等於替自己鋪了一條死路。

問題當前，你是怎麼想的？

試問在解決問題時，你當下會思考些什麼事情呢？假設你發現自己最近的提案總是被客戶、主管打槍，開始檢討「如何提出更好的方案」等，例如提案內容可以如何修改；參考競爭對手的概念……等等之類的，思考方向有點脫離正軌，因為你的提案通過率之所以下降，很有可能是你根本不知道這項產品的優點為何，那你自然無法給出最棒的行銷方案，所以你首要考慮的應該是有哪些「問題」可以改善，才能進行有意義的檢討與改進，這也是筆者前面章節所強調的。

- 客戶的期望、需求是否有變化？
- 提案內容是否有不符合時代趨勢的部分？
- 應該改變提案的哪個部分？

像這樣先決定要思考哪些問題，思考的問題可以稱為「論點」，無論是在會議中集思廣益還是單獨思考，請都先找出「問題」（論點）。你可以從「現狀」、「目標」、「原因」、「解決對策」等四個方向來掌握問題的本質。

- 現狀：目前的狀況為何？
- 目標：未來的目標狀況為何？
- 原因：「現狀」無法達到「目標狀況」的原因為何？
- 解決對策：脫離「現狀」以接近「目標」的解決對策為何？

筆者假設現在有個問題是「業務員總是沒有時間參加新品說明會」，我們試著根據上述四個面向來思考。

- 現狀：新品發表的前一週下午三點舉辦說明會，但參加人數不到三成。
- 目標：九成業務員都能出席。
- 原因：說明會的時間大多是業務員在外面拜訪客戶的時間，所以很難參加。
- 解決對策：說明會分為上午8點與下午6點兩場。

解決問題就是想把現狀改變為心中所想的目標狀態，所以要確實掌握具體的現狀與理想狀態，且造成現狀的問題，導致無法達到目標狀態一定有原因。以上述的例子來說，如果不考慮業務員的工作時間就擬定解決對策，這樣出席人數一樣不會增加。因此，如果想找出切中要害的解決對策，就要先鎖定造成的問題原因為何，看清楚引發問題產生的「因果結構」，再來思考解決對策。

舉例來說，某品牌的商品A在這三個月來銷售量持續下降，調查後發現市場上推出一競爭商品B，且持續熱銷了三個月，因而影響了A的銷售量，倘若沒有再發現其他因素，那競爭商品B極可能就是原因，該品牌的自家商品A銷售量減少便是結果。

像上面這個案例原因和結果關係，就稱為因果關係，原因一定比結果更早發生，如果除去原因那就不會產生結果了。但這時問題也就出現了，這個因果關係真的存在嗎？

例如「下屬工作缺乏幹勁（原因），所以主管老是關注他（結果）」，像這種情況也可能是「主管老是關注下屬（原因），導致員工覺得不自在，致使工作熱情逐漸冷卻（結果）」。這就是原因與結果顛倒的情況，又或者「是考核制度只適用於管理階級，即便下屬工作的績效再好，薪水也不會因此增加（原因），所以下屬失去工作幹勁（結果1），但主管又一直盯著下屬必須交出成績（結果2）。」

當然，有可能是因為其他事情，「下屬失去工作幹勁」與「主管一直關注下屬交出成績」剛好都是受到影響而產生的結果而已。如果誤判原因，解決對策就會失準，因此能否預測切中要害的解決對策，找出引發結果的真正原因非常重要。

這部分針對複雜問題，可以先寫下惡性循環的狀況再來思考。遇到長久以來一直沒有解決的問題時，由於原因與結果互相影響，形成不知從何下手的狀態，例如某商店的產品變舊了所以不好賣，但產品只會越放越舊，於是更賣不出去。

雖然這樣產生了「惡性循環」，不過只要找出這個循環的「原因與結果的結構」，就能看出應該從何處著手處理，像這例子推測只能處理舊商品換一批新商品，以中止惡性循環的狀態。

有許多人會覺得狀況像是惡性循環，但又不知道到底是怎麼形成的，這種情況你可以在紙上寫下實際的循環狀態：工作忙碌→無法參加研習課程→吸收不到相關知識→被競爭對手打敗而流失客戶→增加拜訪新客戶的次數→更加忙碌。

一旦寫在紙上就很容易弄清楚問題的相關性，看出原因的結構後，再思考要從何處著手處理。大部分的情況應該可以分為能處理與無法處理兩類。

結論中如果有原創想法，做法就算模仿他人也無妨，在思考新的企劃案時，很容易希望所有的想法都是自己原創的，就算腦中浮現新點子，一旦想到「以前曾經也有他人有過同樣的概念」，很容易就會放棄這個創意的題材。

但如果想法有類似的要素就放棄，那Twitter、Facebook或LINE就不會推出，因為這些都是類似性質的平台，這些社群網站可能就永遠不會出現在市面上了。所以，創意有時也可以是將既有的要素重新組合，迸發出不一樣的火花。

思考創意時，必須具備兩個觀點：發現問題的觀點（發現問題）與解決問題的觀點（解決問題）。想出好的企劃案或新商品的訣竅就是發現生活周遭既存的問題，以及從其他業界的案例找到解決問題的線索，藉此產生獨創性，以「問題要靠自己挖掘，解決對策則要模仿其他業界」這樣的原則來思考。

好比馬斯克總被視為行業的「破壞者」，但他並不在乎，反而看重事情怎麼處理能夠變得更好，他說：「我想解決問題，這就是我的動力，並非為了搞破壞。」

馬斯克在面試應徵者時，不在意其是否給出正確答案，反而更重視對方消化資訊及解決問題的過程。他面試時很喜歡讓應徵者說一個自己遇到的困難，以及解決方法為何。他表示：「真正解決問題的人，講得出所有細節，他們知道解決問題的關鍵是什麼。」

而馬斯克所推崇的第一原理思維，會打破所有被視為理所當然、實則不應如此的事物，打破砂鍋直到無可爭議的最根本事實為止，然後再從那裡反過來追溯，便能找出解決問題的辦法。

好比Tesla是真正讓汽車產業重新思考電動車的車廠，最初通用汽車召回他們所有的EV1電動車，丟進垃圾場壓碎，沒有車廠再把電動車做起來。但Tesla不斷前行，發表Roadster跑車之後，激勵通用汽車再次投入研究，生產出Volt車款。而通用汽車推出Volt後，Nissan也覺得自己能夠發展電動車，這才有了Leaf車款。就這樣，Tesla基本上讓汽車電動化這件事動了起來，雖然很緩慢，但是開始滾動了。馬斯克和賈伯斯都曾說過自己不是專注在賺錢，而是專心解決產品問題、思考未來發展，現在美國加州也率先開了第一槍，宣布2026年起必須35%的新車零排放，2030年要達到68%，2035年加州地區則要所有新車都零排放，新規一出將改變美國汽車市場，對全球的汽車業也帶來影響，而這一切都是Tesla啟動的。

Part 4

破界創新，無邊際擴張

FIRST PRINCIPLE

THE RICHEST MAN'S THINKING.

1 造局者的思考不設限

賈伯斯在第一代iPhone發表會上說：「一個人如果能在人生中參與一樣改變世界的產品，就很幸運了，而Apple參與了其中數種。」他所指為Mac、iPod和現場正要發表的iPhone，但後來的iPod也引起廣大迴響。

馬斯克光是靠PayPal就名聞天下。這個讓網路購物買家和賣家更為方便的線上支付服務，賣給eBay後為他帶來第一桶金。當然，他也沒有因此滿足，把心思一分為四，投入於電動車、航太火箭、太陽能和超迴路列車等四種完全不同類型的產業，這四種完全不同類型的產業也不遜於Apple所推出的電子消費產品，亦是描繪人類生活極為重要的一部分。

現今環保議題當道，更看重能源使用，絕大多數的汽車公司皆推出油電混合車試探市場，唯有Tesla以一己之力研發純電動車。雖然Tesla花了整整五年的時間才推出第一款跑車款電動車，且銷量更只有二千多輛，但在馬斯克的帶領下，Tesla不畏失敗，又再推出S系列車款，吸引各界注目，推出沒多久便在全球賣出二萬多輛，可見電動車的潛力是不可限量的，且確實擁有潛在市場。

而SpaceX是首間能發射火箭並回收的私人企業，歷經十年的時間研製，遭逢三次慘痛的發射失敗，所幸在即將破產之際的第四次發射大獲全勝，為他們爭取到NASA的合約。

SolarCity為提供民眾租賃太陽能發電系統，安裝在自家屋頂上，降低電費的支出，為目前美國太陽能產業龍頭企業。超迴路列車則是一個洛杉磯往返舊金山的新型交通概念，將原先五至六小時的車程縮短至半小時，但目前仍在研擬階段，若未來開發成功，有望成為飛機、輪船、火車和汽車外的第五大交通支柱。

馬斯克熱衷於顛覆傳統。從他的網路事業到電動車、太陽能、太空旅行、高速鐵路，每一次的出擊都朝此目標前進，期望改變未來十年、甚至二十年的生活樣貌，箇中奧妙值得我們細細琢磨和思考，這樣一個影響人類生活的創業家，絕不亞於賈伯斯、比爾‧蓋茲、祖克伯……等，他所締造的這些是正在發生的未來，你我都不可能置身事外，未來我們一定會面對電動車滿街跑、太陽能等再生能源比重加重，以及往太空探索越來越普及的世界。

滿腦創新點子的馬斯克，比別人早一步發現市場需求，好比他在電子商務中，發現缺乏方便又安全的協力廠商支付方式，推出PayPal；察覺石油耗損嚴重，排碳量嚴重污染地球，決心投入電動車的開發，在眾多汽車大廠的環伺下，推出顛覆電動車笨重、不方便的既定印像，反而風靡全世界的車款。

馬斯克腦中天馬行空的想像讓人興奮，吸引著一群同樣富有理想和抱負的人創造出改變世界的產品，起初賈伯斯曾因為無法適應公司的僵固文化被自己人趕出去，而馬斯克底下擁有數間企業，所肩負的責任和壓力更大，但他如今的成績已經足以證明他能扛起一切，筆者想他的領袖魅力和執行力勢必不容小覷。

儘管現在的他仍遭受外界許多非議，但他還是以自己的人格魅力收穫一群對他誓死效忠的夥伴們。人才是新創產業最大的資源，把自己訓練成人才，進而物以類聚，吸引更多相同理念的人共同打拼是現今企業都在努力追求的事。在這個世界上，能賺大錢的人雖然不多，也絕非鳳毛麟角，但馬斯克這種被視為足以改變世界的人，絕對是少數中的少數。

「我以為Tesla不會成功，事實上我反而覺得我們很可能會失敗。」馬斯克先前在接受電視節目主持人採訪時這麼說道。「如果有一件事真的很重要，我們就應該勇敢去嘗試。即便最後以失敗收場，也勝過事後懊悔沒有動手去做！」

無論從什麼角度來檢視，對馬斯克來說，人生至此早已功成名就，他有一顆機伶的商業頭腦，年紀輕輕便看準了市場契機，隨時準備好大展身手，向全世界證明不凡的身價。外人眼中的他，也許一帆風順、志得意滿，儼然是真實版的「鋼鐵人」；然而，創業路途艱辛，實際走來也並不容易，也曾在浪頭上摔倒過，甚至面臨好幾次破產危機。

但擁有瘋狂工程師基因的馬斯克，自認可以接受挫敗，卻不能輕言放棄，每次投入創業都彷若新生，也很理智地分配好投入的資源和金錢。

如今的他，帶有神奇色彩的連續創業家身分，加上難以計數的財富，馬斯克雖然早已經被許多主流媒體歸類為「人生勝利組」，卻依舊能心平氣和地接受失敗的洗禮，他曾說：「失敗是一個選項，如果你不曾失敗，就代表你還不夠創新！」

第一性原理讓思維不設限

談到馬斯克就會提到他的創新，而他之所以能提出創新概念，在於他以第一性原理來思考，找出事物本質後從零開始思考，再透過現實狀況與期望目標之差異逐步進行推論，在過程中找出新觀點，迸發出不同於其他人的創意。

相信很多人在馬斯克分享或是透過本書得知第一性原理前，大多都是以類比思考，也就是前面章節說的歸納法思維，遇到問題或困難時，習慣從多個已知的資料或現象來推論出結果，抑或是參照前人的經驗執行。

好比1979年SONY首次發行磁帶音樂隨身聽Walkman，當時這台小機器徹底改變人們聽音樂的模式，能將想聽的歌隨身攜帶聆聽，「Walkman®」更成為隨身聽的代名詞，SONY也不斷推陳出新，從音質表現到操作便利性都持續改進，寫下輝煌的隨身聽歷史。

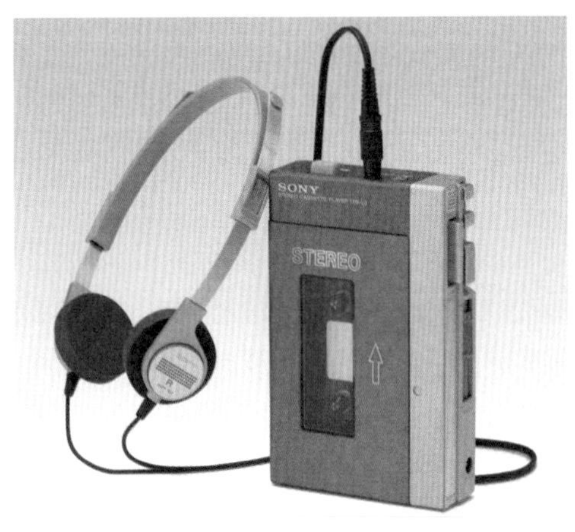

SONY推出的音樂隨身聽Walkman®。

而後各家相繼推出MP3隨身聽，Apple也不例外，若以類比思維來生產iPod，只要參考SONY的模式，生產出一個時尚的MP3隨身聽即可。但賈伯斯並不是這樣的人，他跟馬斯克一樣善於從第一性原理出發，因為他明白一個不管多麼聰明和奇特的想法，只有在與其他想法相碰撞時，才會達到最完美的效果。

若以第一性原理來思考，音樂隨身聽這件事可以追溯到1877年愛迪生發明的留聲機，因為音樂品味、技術和分布的不同，錄製音樂的過程一直是快節奏的。錄製音樂的歷程標誌有留聲機、答錄機、塑膠唱片、磁帶、光碟，最後才發展成數位的壓縮檔格式——MP3。

「攜帶式」音樂的發展是伴隨著錄製技術進步所進行的，在早期只有音樂家才能夠聽到音樂，但隨著留聲機、收音機和錄音帶等被發明出來，讓音樂產業的結構產生變化，雖然這些發明是靜態且漸進式的，但能使音樂開始具有便攜性。

數位技術下的音樂檔案格式MP3，它是目前用於聲音記錄、儲存、傳輸的主要媒介。通常情況下，MP3檔是從納普斯特（Napster，一種電腦程式，允許用戶可在網上共享歌曲）進行下載，然後在個人電腦之間進行傳輸。

如果壓縮檔可以被壓縮到最小化來存取，那壓縮檔的內容就會增加很多。iPod是數位隨身聽，在市場眾多的MP3隨身聽中，若要獲得勝利，關注的絕不能只有外型而已，賈伯斯發現數位音樂在Netscape中的下載都是免費的，這潛藏著巨大問題。

在當時可以儲存二十四首歌曲，且待機長達二十小時，售價又低於200美元的Rio隨身聽大賣，但被美國唱片業協會訴訟侵犯智慧財產權，因而必須停售並進行賠償。所以如何讓使用者肯付費下載數位音樂才是真正的挑戰，不然除了掉入MP3隨身聽的紅海廝殺外，更可能陷入版權官司之中。

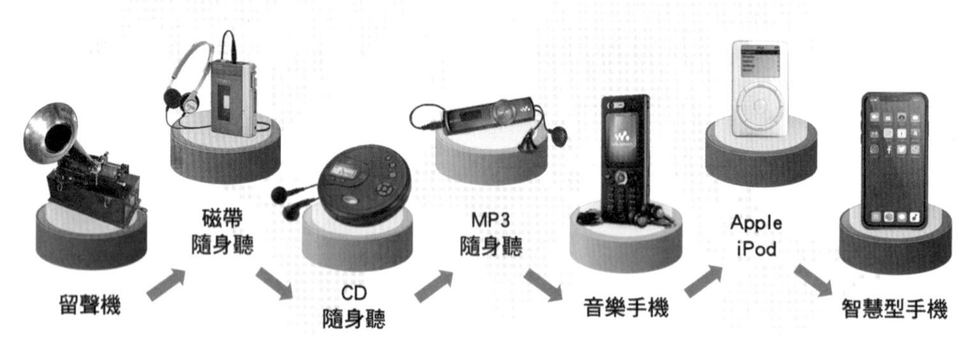

音樂欣賞的媒介發展歷程。

如果沒什麼可以聽，那擁有iPod就沒有意義了，賈伯斯知道這個問題將制約著iPod未來的市場，音樂智慧財產權是音樂作品便攜化最大的障礙，控制著音樂的發行管道，所以他勢必得改變才行。Apple不能僅生產iPod，還要將聆聽音樂的模式重新洗牌，必須提出一種策略來贏得音樂智慧財產權的使用權，因而打造出創新的數位音樂新時代，推出線上音樂商城iTunes Store。

就像以前人們在騎馬，他們只想找更快的馬匹，忽略其本質應該是運輸，一直到福特想出研發汽車，交通工具才產生重大的改變。因此，若你想擁有創新的主意，就要從事物根源思考，而不是以類比形式推論。

前面章節已有介紹過該如何應用第一性原理，筆者再幫各位歸納一下第一性原理的思緒路徑。

① 回歸本質，找出基本事實

首先你要深入了解事物，思考它最基本的層面，找出有什麼關鍵是必然正確的。人們認為電動車很貴，馬斯克想降低電池成本，便分析它的基本材料，看看有哪些原料可優化。這同樣適用於筆者寫書、寫文章，若覺得寫得不夠好，那就把文章拆為段落來看，逐一從句子、詞語、單字思考，然後先從單字開始改善，當你找到事物的本質，你就更有思考方向，並從根源開始尋找辦法了。

② 不斷問「為什麼」？

找到事物的根源後，便可提出不同問題，先問為什麼（Why），再想怎麼做（How）。人們認為火箭成本高，馬斯克則對此深感懷疑，發現只是組裝成本高，因而決定自製火箭。所以，你也要對事物抱持合理懷疑，不要老是想著What的層面，因而覺得事物本來就是這樣，這樣將埋沒你腦中創新的想法，當你深入質疑不同的事實並不斷想著「Why ？ Why ？ Why ？」，便可能找到另類方法，在不同層面中進行根本面的改善。

③ 為問題提出解決方案

當找到事情的解決方法，便可從根源開始改變，從而逐步處理整個問題，馬斯克為了降低成本，找到回收火箭的方法，縱使經歷三次失敗，他仍不斷改進、造就成功。此思維模式是個正面反饋，當你問題無法順利解決，便可從根源開始思考，看看哪裡出現問題，只要我們改進每個層面，那整個東西也會變好，這就是從根源思考的力量。

有些讀者可能會在心中產生一個疑問：是不是只要用這個方法，就能像馬斯克一樣呢？自然不是，但筆者可以肯定的是，你將擁有更多好的想法。剛開始你可能無法把所有事情都還原到根本狀態，但你能在還原的過程中，思考的比其他人更深入，發想到別人意想不到的創新點子，提升自己的競爭力。

勇於創新，不甘於平凡

馬斯克曾為創新下一個註腳：「我認為人們可以選擇不平凡。」試問何謂創新，根據韋伯字典的解釋，創新就是做出改變。創新之父熊彼得（Joseph Alois Schumpeter）則認為創新應是將已發明的事物發展為社會可接受，並具商業價值。

創新（Innovation）一詞源自於拉丁文，有著三種含義，分別為：

- **更新，對原有的東西進行替換。**
- **創造，憑空創造出原來沒有的東西。**
- **改變，對原有的東西進行發展和改造。**

就馬斯克來說，雖然他並非世界上第一批投入電動車、太空探索和再生能源的人，但我們還是必須承認世上鮮少有人能像馬斯克一樣，把產業創新做得面面俱到又有聲有色。

好比小米集團創辦人雷軍，他也算是網路產業的一個傳奇了吧？短短四年就把小米打造成一間市值超過百億美元的前五百大企業，但跟馬斯克相比，他也是自嘆不如，Tesla在馬斯克的帶領下，從20億元市值快速成長至千億美

元，如此成就可不是輕易可以達成的，馬斯克也因此被媒體冠上神人的稱號。

單就Tesla的汽車業來說，這其實是一個很傳統的產業，最資淺的汽車生產商也有逾九十年歷史，且產業中又有眾多大型企業，諸如福特和豐田等，對於新進的品牌來說，其實該產業體系是無法輕易撼動的，但為何Tesla卻能快速崛起呢？筆者想其關鍵應該就在於它的「創新」。

一般談到電動車，腦中應該會浮現一台使用電動機發動或利用牽引電動機推動，行駛於路上的車輛。其實電動車並非新產物，在Tesla之前，早有許多汽車生產商投入研發，像豐田普銳斯早在2001年就已問世，也是目前全球最暢銷的油電混合車。

那馬斯克是如何在電動車市場中勝出的呢？Tesla的創新點在於它「顛覆」了大眾對汽車的想像。就硬體規格來比較，尚無法看出Tesla的創新為何，Tesla的創新基因全因馬斯克而起，不同於以往的油電混合，Tesla所推出的是純電能車款，超強的蓄電力外，其馬力更高達四百匹，且車機系統經過整合後更為人性，駕駛人可以透過中控台的超大型觸控螢幕來操控整輛汽車，無論是設定導航、開空調、播音樂……等，都可以藉由觸控式的中控螢幕完成，讓駕駛人可以輕鬆又直覺地進行操控，乘車體驗極佳，享受智慧服務的同時，又能追求速度。

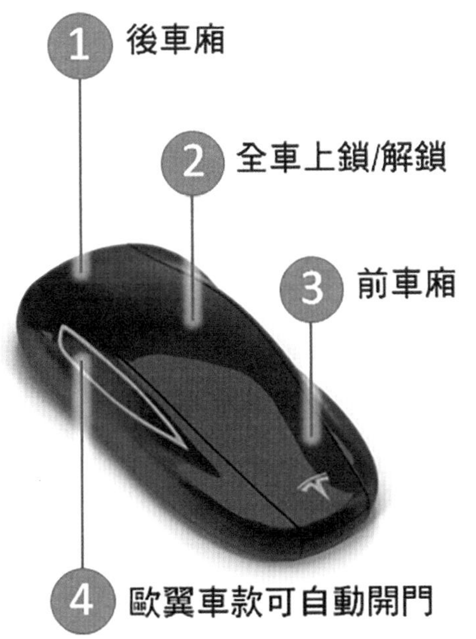

Tesla獨創的汽車鑰駛匙。

馬斯克曾說：「偉大的公司建立在偉大的產品之上。」Tesla整輛車都內嵌著大量創新元素，令人相當著迷。單從一把看似平凡無奇的汽車鑰匙來看，就相當有巧思，Tesla的車鑰匙跟車子外觀極為相似，第一次駕駛的人，只要觸碰車型鑰匙上方車頂的位置，即可開啟車子中控鎖；若要開啟前/後車廂，同理，你只要按下鑰匙對應的前/後車箱處即可，駕駛Tesla簡單、直覺，很快就可以上手。

馬斯克對於旗下企業每次的創新，他也承認自己是個拒絕妥協的人，他所創立的企業也以不輕易和現實妥協而闖出名號，好比Tesla的自動感應把手，就是不妥協下的產物，只要汽車偵測到鑰匙靠近，車門把手就會自動彈出，待汽車發動後便自動縮合，保持汽車原先設計的流線造型，有效降低汽車行駛時的風阻。但其實馬斯克剛提出這個構想時，並不被底下的工程師買單。

工程師們在會議上瘋狂砲轟這個想法，認為自動感應的把手聽起來或許很酷，但在設計上要考慮的因素很多，不能單覺得特別就想執行。要考慮車門面板是否有足夠空間？天氣若惡劣、甚至是結冰時，把手是否可照常彈出？而這個感應機制的靈敏度如何界定？會不會有夾傷手指的可能？以上種種問題都要事先考量到才行。

但就馬斯克的立場，他認為如果想要創新，那勢必會遇到一連串的問題需要克服，所以思考時就不能太過保守或輕易妥協，這樣就無法創造出讓人耳目一新的東西。馬斯克堅持自動感應把手的設計，不僅僅讓車體外觀更具美感，還能帶來巨大的價值，有助於提升駕駛人和乘客的使用體驗，最終成功變成Tesla車款的標配。

一間公司的企業文化聽起來或許虛無縹緲，但卻是影響整間公司創新、變革的重要因素之一，也可說是形成企業凝聚力的關鍵要素，而從馬斯克帶領下的企業，可以從中看到馬斯克那堅韌的個性，以及拒絕向現實低頭、堅決不被瓶頸所擊垮的價值觀。

本土品牌巨大機械工業（Giant），為一跨國自行車製造商，以捷安特為主要行銷品牌，其企業文化為「創無止境–推動自行車世界的進化」，他們也確實朝此方向邁進，不斷進步，讓台灣品牌能躍上國際舞台，為多個職業自行車隊的指定品牌，可以看到第一性原理落實於自行車業。

福特汽車當初在2008年大蕭條的影響下，曾面臨全線崩盤的危機，且公司又在不同地區採用不同的汽車配置，這就進一步削弱了福特在全球的品牌識別度。時任高管艾倫·穆拉利（Alan Mulally）掀起的以品牌為契機的企業文化革命，發起「一個福特」計畫（One Ford），該計畫根本宗旨，也是亨利·福特創立這家公司的初衷——為大眾製造便捷的交通工具。

藉助「一個福特」計畫，穆拉利得以讓福特品牌的目標和價值成為組織的最高綱領，並據此統一公司的人員、計畫、運營和產品，以恢復品牌在汽車行業內的領導地位，達到美國汽車製造商被認為難以達到的高度。

而Tesla的企業文化，傾向盛行於美國矽谷的「設計思考」（Design Thinking）。IDEO設計公司總裁提姆·布朗（Tim Brown）曾在《哈佛商業評論》提及：「設計思考，是一種以人為本的設計精神與方法，必須考慮人的需求與行為，也同時考量科技或商業的可行性。」

一位在矽谷從業多年的科技公司高階主管，給予Tesla和馬斯克高度的評價，「這家企業的思維模式和企業文化，其實更接近Apple和Google兩家大公司，而非傳統的汽車製造廠。」而這段話彷彿呼應了成功的關鍵就在於創新，而創新的基礎就是以第一性原理來思考問題並塑造文化。

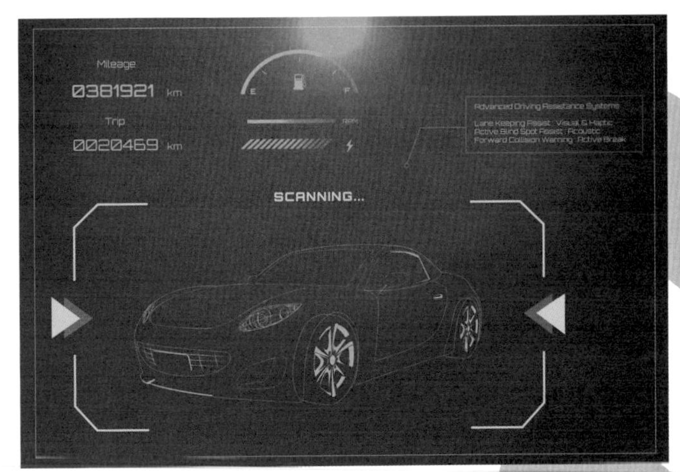

2 以第一性原理成為產業創新的先驅

馬斯克是位敢於想別人所不敢想，敢做別人所不敢做的科技狂人，但他那看似不囿於傳統的經營方式，常人無法企及的創新精神，萬萬想不到是源自於嚴謹理性的物理學原理。馬斯克總以第一性原理來思考、架構問題，他眼中的第一性原理即是回溯事物的本質，回到初衷重新思考怎麼做，因為類比思維容易陷入別人已經做或正在做的事物，結果通常是以模仿起手，往往只能取得微小的改變，前面章節都有探討過。

第一性原理是分解複雜問題和產生解決方法最有效的策略之一，商業巨擘賈伯斯、馬斯克、貝佐斯都在談的第一性原理，除了應用於商業上，它可能也是學習獨立思考的最好途徑，被很多優秀的思想家所使用，以古哲學家亞里斯多德為代表外，其他諸如發明家約翰尼斯・古騰堡（Johannes Gutenberg）、軍事家約翰・博依德（John Boyd）……等也多有加以運用，但就是沒人比馬斯克更具代表性。

最廣為人知的即是2002年馬斯克尋求將火箭送到火星的方式，這個想法最終藉由第一性原理實現。他說：「我傾向於使用物理思維框架來理解事物，物理使你從第一性原理推理，而非比較性思維。所以我說OK，我們從第一性原理看看這個問題。火箭是由什麼組成？航空級鋁合金，外加一些鈦、銅和碳纖維。然後我又問，這些材料在商品市場上價格如何？結果發現火箭的材料成本大約是成品價格的2%。」

與其花上千萬購買一個成品火箭，不如低價採購原材料，自己造火箭。幾年的時間，SpaceX做到將發射火箭的價格削減十倍的同時，還能與NASA合作，進一步產生盈利。馬斯克用第一性原理將問題分解為最基礎的元素，找到一個更有效的解決辦法，也讓自己成為航太產業創新的先驅。

第一性原理是一個不能再進行任何推理的最基本假設，本質就是「像科學家一樣思考」，科學家不進行任何假設。他們思考的起點是，「哪些是我們已經百分百確認正確的？哪些已經得到了驗證？」

第一性原理需要你深入挖掘，直到你找到該問題最基本的真理。法國哲學家科學家勒內·笛卡兒（René Descartes）採用一種現在被稱為笛卡兒式懷疑（Cartesian dustion）的方法，在這種方法中，他「有系統地懷疑可以懷疑的一切，直到找到他認為完全不可辯駁的真理。」

但在實踐中，不用把每個問題過度簡化，認為若要利用第一性原理創新，就要追溯到原子、量子級別，只要比絕大多數人深入二至三層，每往下探討一層，就會有各種不同的解決方法。

著名戰略專家約翰·博伊德（John Boyd）曾提出以下的概念，討論如何運用第一性原理來提出創新的思維。

項目	構成原件
載有雪具的摩托艇	發動機，船艇和一副滑雪板
軍事坦克	金屬踏板，鋼裝甲板和一座機槍
自行車	車把、輪子、齒輪和座椅

試問從上面項目所得出的構成原件中，可以再創造出什麼呢？或許可以將自行車的車把、座椅和坦克的金屬踏板，以及摩托艇的所有原件全組裝起來，做成一輛雪上摩托車。將東西分解後，根據拆解出的零件重新組合為一項新物品，先解構再重構，便可達成創新。

據約翰·博伊德的例子，還凸出第一性原理另一個特點，那就是可以將不相關領域的想法相結合，擦出意想不到的火花。如果單從坦克和自行車來思考的話，似乎沒有任何交集，但如果拆解開來，可以組合出雪上摩托車這創新的項目。

當然，現在雪上摩托車已被研發出來，所以你聽到這個結果可能會無感，但在當時可能沒想過摩托車竟然能在雪地上奔馳。歷史上有許多具開創性的想法，都是透過第一性原理將事情歸結並簡化後，才得以提出有效的解決方案，改良、取代原先的部分，甚至是開創出意想不到的新玩意兒。

例如，約翰尼斯・古騰堡（Johannes Gutenberg）將螺旋壓榨機（一種製造葡萄酒的設備）和活字、紙張以及墨水結合起來，印刷機因而誕生。早期的活字印刷術（使用可以移動的木刻字、金屬或膠泥字塊，用來取代傳統的抄寫，或是無法重複使用的雕版印刷）使用了好幾個世紀，但卻沒有人想出其他辦法印製。

古騰堡是第一個想到印刷過程的構成部分，採用完全不同領域的技術，創造出一項改變世界的創舉，使印刷效率大大提升，文字、資訊得以廣泛傳播，甚至間接促使宗教改革與新教之興起！

古騰堡印刷機

眾人都想得出的點子，就不能稱為最佳方法

以第一性原理來思考，能助你有效將不同學科中獲得的訊息拼湊起來，創造出新的想法和創舉。從了解事實開始，一旦有了事實基礎，就可以透過制訂計畫來改良每個小模塊，而在改良的過程中，自然就能廣泛探索到更好的替代品。

第一性原理說起來容易做起來難，最主要的原因是一般人仍傾向於改善「形式」，而不是「功能」，筆者分享下方行李箱的例子。

在古羅馬，有戰車、馬車和運貨馬車等許多種車輛，以應對各種場合和狀況，但旅人騎馬在穿越鄉間時，仍普遍用皮革製的郵差包來裝行李，幾千年來從沒有人想到可以把包和輪子相結合。皮革製包包耐用度高，始終是消費者首選，更為了因應各種場合推出不同的款式，諸如學生用的後背包、旅行用的大容量背包和旅行包等。一直到1970年，一位名叫伯納德・薩多（Bernard Sadow）的工人在機場搬運行李時，看到另一名工人在一個有輪子的滑軌上滾動一台重型機器，才發明出配有輪子的行李箱。

在附輪子的行李箱被發明出來前，包包也不是始終一成不變，1938年包包首次加上拉鍊，1967年推出尼龍背包，為首次使用皮革材質以外的包款……等，儘管有著這些改良，但包包的「形式」基本上仍保持不變，創新者們大多把時間花在對物品「形式」的迭代，而非對其核心「功能」的改進或實質功能的創新。以行李箱的例子來看，當大家都在關注如何推出更好的包包（外觀）時，只有伯納德・薩多思考如何有效儲存物品和移動這個包包（功能）。

人類的模仿傾向是第一性原理思維常見的障礙。當大多數人展望未來時，他們將當前的「形式」向前投射，而不是將「功能」向前投射並放棄對「形式」的執著。比如，當人們批判技術進步時，這時有人突然發問：「飛車在哪裡？」

試問飛車是什麼，仔細想想不等同於飛機嗎？發問者過度著墨於「形狀」，認為應該要創新出一個看起來像汽車的飛行物體，以至於忽略了為何要有飛車，它的主要「功能」又為何？但只要細想，製造飛車的目的是不是主要為了讓時空壓縮，而擁有此功能的運輸工具便是現在已廣泛使用的飛機，所以飛車嚴格來說並不是創新的概念。

這也就是馬思克說的，人們總是以類比思維在生活，世人總會習慣於接收舊東西和舊形式，而且是不自覺地主動接受，接受後便畫地為牢，把創造力圈定出界線，看似是在持續改進，但其實是墨守成規。

這也是和第一性原理最關鍵的區別，持續改進一般只會在原始出發點設定的邊界內發生，但第一性原理講究從原點出發，等同於要放棄先前的形式，思考你想要達成什麼，你心中所期望的功能性結果為何？

但也不是說第一性原理不需要持續改進每項創新，而是它能明確知道需要改進的方向，旨在優化功能，淡化甚至是忽略形式，所以同樣需要很長一段時間的迭代和改進，好比SpaceX公司也是進行多次模擬，調校數千次，才想出如何建造出價格合理、可重複使用的火箭，並歷經多次失敗才發射成功。

所以，如果你想提高和改進現有流程或信念，持續改進是一個很棒的選擇；但如果你想獨立思考、創新，第一性原理絕對是最好的方法之一，誠如前面章節所說的，它有點像嬰兒學步的過程，鼓勵人們回到初學者的狀態，並且採用全新的視野去探索真實的世界，自己從原點開始探索可能的方向，尋求不同於別人及傳統的解決方案，不再亦步亦趨地跟隨競爭者的腳步前進，而是重新建構起不同於過往的產品、服務和系統。

Tesla及SpaceX具有來自矽谷的基因，馬斯克經營這兩大前瞻企業的突破手法極為相似，雖然產業性質及歷史背景完全迥異，一個是在地上跑，一個是在天上飛，但馬斯克仍是以第一性原理進行解構，藉以實現不離本行的目標。

回到原點，經由抽絲剝繭來理解事實，同時不參考別人的做法，這是第一原理強調的基本原則，然而，如果後續尋求解決方案的過程，所有的事物都要重新開發，完全不使用已經存在的做法則顯得缺乏效率，而且緩不濟急。

適度地借用別人現有的想法及做法，對企業的創新來說，是必要的明智之舉，至於「借用」之道則多不可勝數，或借用點子概念，或借用設計元素，或借用零組件，或借用不同產業的供應鏈，有很多的人類寶藏等著我們去借用。

第一性原理是馬斯克探索宇宙答案的最佳工具，運用得當就能夠更清楚知道該問什麼問題，而其所創立的公司則是拓展人類意識的最佳實踐。Tesla不斷推陳出新，創造企業驚人的成長曲線，早已是全球新經濟的代表公司，不論是Tesla成長模式，或是馬斯克背後的思考邏輯，筆者認為都有許多可以學習省思之處。

 事情不只要做好，還要做得對

根據馬斯克的說法，Tesla Bot是Tesla開發神經網路、Dojo（道場）超級電腦晶片時，一種非汽車的機器人應用。他表示，Tesla可以說是全世界最大的機器人公司，因為「我們的車就好像裝有輪子的半感知型（semi-sentient）機器人」。

所以，當Tesla開發出仍在不斷演進的全自動輔助駕駛系統、Dojo以及神經網路，知道如何漫遊世界，將這些技術放進一款人形機器人，也沒什麼好奇怪的，因為人型機器人與電動車一樣，兩者都是機械。

因此，Tesla建構的事業，不只是一套電動車的軟硬體系統，更是一個涵蓋人工智慧與機器人的生態鏈，不僅讓銷售電動車硬體及自駕車軟體成為兩門大生意，未來還會推出更多新產品及新應用，使

更多的事業部可以不斷產生正向循環及良性回饋的飛輪效應。

Tesla這種事業布局的作法，也可以延伸出做事業絕不能缺乏想像力，要想辦法把核心事業延伸出去。這種延伸性甚至在公司成立時就已確立，想好未來可朝那些方向發展，因此，創業時的選題非常重要，有延展性及未來性的題目當然更值得全心投入。

筆者觀察台灣企業的特色，近幾年主流產業的發展思維是隱形冠軍，追求卓越的工匠精神，以數十年時間聚焦投入一個產品或技術，累積經驗做深做精，這是相當好的競爭策略，能夠把一個題目做到全球頂尖，這是許多台灣企業正在走的路。

只是在創新推動的新經濟時代中，這樣的工作哲學與邏輯可能需要適時調整，例如小米推出手機後，也推出各式各樣的應用產品，重點是讓使用者的經驗繼續延伸，粉絲經濟可以進一步擴展壯大，而非只聚焦單一產品與技術的深耕。

筆者自己也深耕出版業已三十餘年，致力於書籍出版和雜誌媒體，將出版這件事兒做得專精，但隨著時代的變遷，科技的變異，漸漸將出版集團朝不同方向發展，不再侷限於傳統出版上，延伸出NEPCCTIAWSOD體系，輻射式向外擴散，與時俱進，致力發展多元產品及知識服務，透過整合性的數位服務，擴大受眾市場。

不過，需要強調的是，企業要做這種延伸並不容易，因為要把事業延伸到不同領域，需要經歷非常不一樣的考驗，且跨界的人才是最難找、最稀缺的，每次的跨界也都需要花大錢，也不見得是原班人馬可以做到的，有時必須借助外部高手的力量才辦得成。

其次，Tesla可以不斷擴展創新，關鍵就在建立完整軟硬體生態系，並且佔據價值鏈中獲利最高的頂端。佔據價值鏈頂端，是許多龍頭企業都在做的事，在價值鏈最上端的企業，擁有最強勢的訂價權。迪士尼樂園一張門票要價一百多美元，每天早上園區開門前，還是一堆人排隊要進去，因為迪士尼不怕你不來，而且門票錢還會調漲；位在價值鏈底層的公司，就只能賺加工錢，例如幫迪士尼代工各種紀念品。這道理很簡單，但大部分企業都脫離不了這個宿命，只能在底層辛苦求生存。

又好比歐美國家的政府單位效率都不高，跟台灣行政機關的效率及人性化相比，實在差太遠了，但歐美國家的行政單位卻不認為自己辦事不周。筆者想台灣可以把許多事情做到那麼有效率，也能把代工業務做到極緻，可能就是因為較缺乏創新能耐，也就只能賺辛苦的代工錢。台灣能把事情做得很好，但卻沒有好好選擇做對的事情，如果我們只能做價值鏈底層的工作，那就不能怪東怪西。

總結來說，創新就好似馬思克與身俱來的DNA，直接搭載在他的身體中，從最初PayPal到Tesla，還有往太空發展的SpaceX，以及挖地底隧道的Boring Company等，馬斯克的創新基因讓他敢於上天下地，不斷在新領域開發與創造，有忙不完的事、賺不完的錢。筆者也自豪於自己洞察事物的基因，只要透過一個細節，便能嗅出背後廣大的商機，不能說是百分之百察覺，但筆者自認準確率高達八成以上。

所以，創新需要想像力，永遠都要有新的目標與方向，企業才能成長，才有無限延伸的可能，否則只會越做越小。而想像力也要搭配具體的落實能力，更需要從價值鏈著手，找到企業生命可以更擴大的機會，希望台灣可以出現更多像Tesla這種創新企業，並培養出像馬斯克這般「躍遷」式的執行長。

3 擁有點到點之間的無限可能

談到創業，馬斯克常提到：「我創業成功的關鍵，來自於第一性原理。」一般在職場上、生活中，我們面對各種不同的挑戰，遇到狀況的第一個反應，通常是在腦中快速搜尋類似的情境，將現況與之連結，獲得問題的歸因或是解決方案，像是……

- 先前出現這問題，通常是由……產生。
- 你所說的事情，一定是來自於……
- 上次遇到這狀況，我們是這麼處理的……

透過整合自己、團隊、前人的經驗法則看待、處理眼前狀況或問題，即為歸納思維。歸納思維的優點在於可即時幫助自己歸納出問題發生的可能，並做出解決問題的決策，但壞處是當經驗法則隨時間流逝開始與大環境脫節時，很容易掉進慣性邏輯的陷阱裡。

什麼是慣性邏輯陷阱呢？筆者分享一個關於長凳的故事。

基地裡，兩位士兵看守休息區一張長椅，新任長官路過停下來問：「你們兩個為什麼守著一張無關緊要的長椅？」士兵回答：「報告長官，這是軍團的傳統，我也不知道為什麼。」

得不到答案的長官，困惑地打給上一任長官，但對方也不知道為什麼，這位新任長官不死心，將歷任名冊翻開一任一任往前打，最後他聯繫到一位已九十歲高齡的老長官：「學長好，我目前管理您六十年前待過的基地，有件事讓我感到困惑，想請教究竟為什麼要固定派兩名士兵在休憩區長椅旁站哨呢？」

電話另一端的老長官驚訝地說：「什麼！那張椅子的油漆還沒乾呀？」還好這位新任長官深入探究這件事，不然士兵們仍會守著這張無關緊要的椅子。

這故事很有趣，現在很多人工作時也經常像這兩位站哨的士兵或歷任的長官一樣，對前人的傳承不加思索地繼續執行，卻沒發現當時的需求，現在已不再被需要。

在馬斯克的觀點中，用舊的方法無法創造新的事物，他選擇將物理學中的第一性原理應用在創新事物或問題的思考分析上。第一性原理在思考上的應用，就是將事物拆解成最原始的目的，再重頭演繹出其他可能的結構。

SpaceX的例子完美詮釋馬斯克如何運用第一性原理，過去NASA的火箭設計來自於對歷代型號缺陷的改良與更新，隨著不斷在原有架構改良、添加新的功能，每個世代的火箭成本也逐漸攀高，最後讓NASA的太空發展預算變得捉襟見肘。

馬斯克利用第一性原理，將製造火箭的流程拆解，發現原料成本其實僅佔了2%，而其他98%則被消耗在製造過程中所延伸出的成本，像設計、採購、運輸等方面的流程，對馬斯克而言，只要流程中有人類活動的要素，就代表當中有許多可以被改善的空間。

在對火箭設計、原料採購到製造生產的每個環節重新演繹後，馬斯克最終決定採用「違反直覺的新設計思維」製造火箭，例如以重但是堅固的不鏽鋼，取代過去認為質輕延展好的鈦合金，應用常規座艙配件取代定製品，以及將所有實體儀表板與機械操作改為液晶顯示與自動化操作等，減少所有可能延伸的成本。

此外，SpaceX也採行嚴格的成本控管，火箭大部分的零組件都在自家工廠製造，以節省半成品運輸的高昂費用，成功將原本單次要價45億美元的發射

成本，大幅降低至6,000萬美元，這數字連NASA過去太空載運任務的尾數都不到，也為停滯數十年的太空探索注入一池新的活水。

以筆者從事的成人培訓為例，當把「教育」拆解到剩下「個人」與「知識」兩個核心，以往核心與核心間的過程，可能僅包含教室、講者、教材等元素。就如同SpaceX所研發的火箭，換個角度思考後發現，中間的每個元素都可以互相融合，或是用其他的元素添加、替換，例如課程可以轉為線上形式，那教室就可以改成在Zoom線上直播，一種空中教室的概念，如此一來，講者也可以在家中連線授課，教材則直接使用畫面共享的方式，投射在直播畫面中，有需要的學員也可以在課後用Mail寄給他們。

還有一種線上方式則是直接拍成影片，然後在筆者公司所創立的新絲路視頻YouTube上架，隨時都能上課，還可以暫停，把元素拆解開來再加以融合，確實可以迸出各式不同的火花，且效果可能更好。

筆者嘗試用第一性原理分析商業模式，拆解後畫出來的架構使我聯想到電影創作中的蒙太奇拼貼，或類似於物理學中的弦論，我們可以用千萬種不同的方式來獲得心中想要達到的目的，至於過程中用什麼方法就看個人的創意了。

遇到一時間想不到怎麼解決的問題，不妨開始試著用第一性原理思考，找出最核心的要素其實並不難，仔細思考事物的本質是什麼，為什麼要這麼做（Why）？其實答案就呼之欲出了，剩下就只是讓自己發揮創意，去解決做什麼（What）和怎麼做（How）的問題。

所以，你也可以將第一性原理視為一種第一創新，在第一性原理的基礎上，試著建構出一個嶄新的系統，用第一性原理實現曲線的增長或是創造第二條曲線，建構自己的創新系統，且每個系統都有自己的第一性原理，不同的系統可以有不同的第一性原理，不同的事情也可以有不同的第一創新。

那第一創新的好處為何呢？首先要能找到解決問題的方法，事情表象總是五花八門，探究其背後的第一性原理才是解決問題的關鍵，否則一切終會成空。而在行業或產品轉換期，能抓住本質，提高創新成功率，也就是實現曲線的增長或是創造第二條曲線。且第一創新具有一種遷移力，能夠引導對未知的思考。

那實際具體該怎麼做呢？你可以分四步來進行：

- **Step 1：定義核心問題。**
- **Step 2：尋找這個系統的第一性原理。**
- **Step 3：針對第一性原理這個本質找到本質解。**
- **Step 4：拆解出可落地實施的策略，得到應用解。**

針對每一步驟也有具體的分析方法，若要尋找系統的第一性原理，可以使用追問法、框架法、類推法和假設法，釐清第一性原理後，該如何建構新的系統，則可以使用破界法、升維法、優勢法，然後在做出具體落地實施方案的部分，可以用價值網法❶和畫布法❷。

---

❶ 價值網法：客戶價值網、供應商價值網、合作夥伴價值網、資本價值網。

❷ 畫布法：對多元思維模型應用的一個闡釋，多學習思維模型，有助於我們全面、快速、正確的解決問題，所謂由點而線，再至全面是也。

試舉例，現在經營直播帶貨賺錢很快，讓很多人也開始想創業做直播帶貨，這時你要思考兩個問題：判斷「自己」是否能創業做直播帶貨；以及探究本質，找到直播帶貨的第一性原理。

這兩個問題你可以用追問法的方式來釐清，得出「持續出好內容和完善的產品供應鏈系統」這個結論。

- Q：為什麼想做直播帶貨？
- Q：你知道直播帶貨依靠什麼？
- Q：如何獲得眾多粉絲、提升流量？
- Q：你有哪些專長？確定不是一頭熱，能堅持下去嗎？
- Q：直播帶貨的本質是什麼？

那你能如何持續做出好內容，並建構完善的好產品供應鏈系統？思考自己喜歡、擅長的，找出自己的能力圈和職業方向為何，而且你還要思考直播電商的生態、發展趨勢、類型。能力圈和職業方向是保障和支撐事業做好、做長久的基礎，圍繞著如何做好去拆解，尋找突破點，從自己最有熱情的一個點開始去做，才會有幹勁持續去做。

圍繞做好短視頻帶貨的突破點後，進行拆解分析，建構出可落地的策略，全面分析、重點突破。

這些都可以根據上述的四步驟完成，找到事物背後的第一性原理，用第一性原理為基石去建構整個系統，而不是人云亦云、盲目跟風，這樣你的成功率將比其他人來得高許多。且第一創新的適用範圍非常廣，可以作為一種常規思考方式，它的邊界不僅在這個模型，而在作為基礎選擇的第一性原理。

每個系統都有它的第一性原理，在這個第一性原理上去建構的創新。如果系統的第一性原理失效，創新模型就會失效。例如建構在「人生而平等」的第一性原理上的系統，在印度的種性制度下便會失效。

「思考框架」三大原則：可變性原則

在第一性原理上建構的家庭規則、社會倫理，只有在認可它的時候才會有效！所以在人類的時間長河裡，很多時候是無效的。商業上有可能產生這種現象，基於某地區的法律法規、政策建構的系統，基礎產生變化，那整個系統就會失效，但你仍可用第一性原理作為底層思考方式，提出不一樣的創新模式，只是要先確定是否與環境的規章制度違和。

也不是說所有原則都不可改變，SpaccX便是把可變性原則應用得爐火純青的企業，可重複使用火箭一直是航太工程師的夢想，在1960至1970年代，科學家最初的想法是在火箭加上機翼，讓火箭返回地球後，能像飛機一樣著陸，這種想法也因此催生出外形類似飛機的太空梭，還間接影響了懸掛式滑翔翼的誕生。

但這些機翼巨大而沉重，空氣動力學的升力大小又得視機翼的尺寸而定，雖然機翼越大升力也越大，但在發射時也會增加重量、體積和阻力。考量到這一切限制後，最後的太空船系統變成一種折衷方案，需要有一個附加在外的巨大油箱，更只能使用一次，且太空船主體的滑翔能力也相當有限。

NASA把自己限制在空氣動力學升力的條件下，也就只能想像出很傳統的機翼與降落傘的設計，並相應帶來了所有的缺點。相較之下，由於各種創新突破（特別是在感測器與運算能力方面），SpaceX的想像不限於空氣動力學的升力，雖然也像航太總署以減緩火箭的下降速度為目標，但SpaceX換個想法，重新點燃第一節火箭的引擎，改採直立式降落。

「別再管空氣動力學的升力了，就靠火箭本身的動力吧！」

這件事的大膽之處，在於需要重新點燃引擎，也得保留足夠的燃料來減緩火箭下降的速度，而且燃料很重，所以不能留太多，還得有控制系統讓著陸過程穩定。太空船本身的結構十分複雜，但SpaceX的研究下，獵鷹火箭的第一節結構相對簡單，複雜的反變成控制系統，但這也是基於科技的進步，才能夠做到現今如此先進的控制。

而打破常規、創新的關鍵就在於，要了解哪些限制是可變的。雖然SpaceX也接受「火箭降回地球時必須減速」這項設定，但選擇不同的處理方式，不靠機翼，而是使用內建的火箭引擎。正因為SpaceX的工程師鬆開其中一套可變限制，才看到新的可能，並研發出獵鷹系列的可回收火箭。

像SpaceX火箭控制系統這樣的科技創新，就可能讓過去無可改變的限制，開始具備可變性，要選擇改變哪些限制的時候，根據可變性原則，先挑出各種我們能夠影響的要素。如果希望反既存事實的想法能發揮作用、讓夢想成真，該調整的並非那些我們本來就該遵守的限制，好比資金預算，而是調整那些能透過行為或選

擇而改變的限制。這樣一來，讓創新構想成為現實的可能性也就更高了。

根據可變性原則，對於哪些事情可變、哪些又不可變，我們可能會出現誤判，這套原則有一個很大的優勢，就是它能讓我們把推理的焦點放在我們有能力影響、更改或塑造的事物上，幫助我們看到選項，採取行動。

對SpaceX來說，他們就是認真考慮該用怎樣的工程方案，以減緩下降速度。像是要趕到城市另一邊開會卻又快遲到的時候，我們只會認真考慮該搭地鐵還是計程車，而不會想像什麼磁浮列車，甚至是馬斯克的超迴路列車。

當然，社會規範依然存在限制，我們常常認為人類的行動具備可變性，那是因為就因果認知觀點來看，我們相信人類具有能動性，也就代表人類能對自己的行動有所控制。同樣的，我們也相信人類的行為是會改變的，而且認為我們能夠形塑他人的行為與行動。

我們的思考框架就是會這樣關注著人們的各種行動，這點是利而非弊。同樣的，如果能注意有哪些限制條件是操縱在我們手中（也就是那些條件具備可變性），也就有助於我們找出調整起來最有利的限制。

一般都會覺得人類的活動有很大的彈性空間，但在做反事實思考的時候，你想像得到的行為改變，多半都還是落在多數人所接受的社會規範以內。像開會要遲到了，但計程車候車區的人大排長龍，這時候我們馬上會想掏出手機改叫Uber，而不是直接插隊到最前面。

至少在原則上，社會規範是能夠改變的，而且確實也會隨著時間慢慢改變。只是我們的反事實心理常常受到約束，常會覺得規範都是固定不變的，認為自己無力改變，原因可能出自人類的社交本質：為了合群，就會讓我們不去做那些會讓自己遭到排斥的行為。於是，我們還是乖乖排隊等計程車。

因此，我們要懂得運用第一性原理來思考問題，而不是用比較思維思考。我們的生活中總是傾向於比較，或是被規章制度給框架住，對於那一些別人已經做過或正在做，且可能獲得不錯收益的事情，我們也跟著去做，然後在這樣子的條件下比較自己可以領先對方多少，再做決策。

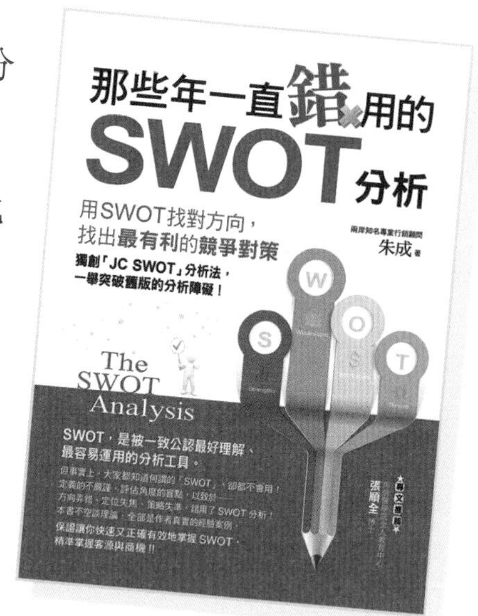

很多時候這樣子的做法可能來自於SWOT分析裡頭對於優勢的敘述，別人有的服務或產品，我們比他更好；別人比我們更好的產品，我們比他更具價格競爭力。在市場上複製成為了常態，而比較就成為了日常生活的一部分，這樣子的發展只會產生一些相對較小的差異。

如果只是為了養家糊口，你可以看看市場上有哪些生意較好的店家，去複製他的產品或服務，你可能就可以在這樣子的市場中分一杯羹，但抱持這樣子想法的人實在不是少數，當你開了一間店並有所獲利的時候，你可能會發現周圍出現跟你一樣的店，也提供一樣的服務，當然有時候這樣子的操作可能聚集了一群類似的人，形成一個市場氛圍，也可能是一種不一樣的發展方式。

有時候所謂站在巨人的肩膀上發展，指的是那些不容易被改變的理論，而不是隔壁看起來很賺錢的某商業模式或產品，深怕站錯肩膀所帶來的危險。如果你想要的是去改變這個世界，或是獲得更高的利益，你需要思考的可能是怎麼樣創造全新的服務，透過「回到根本的創新」才有機會，你會發現點到點之間的可能無限。但這時你也得有心理準備，因為創新後周圍可能會出現許多複製者，可是以馬斯克的例子來說，那些擁有「回到根本的創新」能力的人，往往不在意這些，因為他們會再向前衝。

4 打破思維枷鎖、拆除思維的牆

《黑天鵝》裡有一句話：「擋在你面前的，只有你自己。」很多時候，局限一個人的不是環境，也不是能力，而是固有的思維模式，所謂石牆易毀，心牆難拆，若一味地固守思維的高牆，只會不斷地閉鎖自我，原地踏步。

創新能力並不是一種後天要努力去學習的能力，我們天生就具備這種能力，只是一些人不善於運用這種能力，或者說缺少運用這種能力的意識。如果我們無法利用自身具有的創造力，就會受思維定勢的影響，做什麼事都受到束縛。

這一、二年，美國為了壓低通貨膨脹，聯邦準備理事會持續升息，造成美元強勢，其他國家幣值相對走軟，不利進口，連帶使各國進口商品物價上漲。在日本，採購成本大幅提升了三分之一以上，如果能提供維持主要的功能與規格，以貶值前的價格買到產品，想必將大受歡迎。

有學員跟筆者分享，說客戶請他提出以較低的價格，但主要的規格不變為目標的解決方案。筆者想若要達成降低成本且規格與品質不變的目標，就必須評估是否有較低成本的設計方案。

倘若從第一性原理出發，回歸到這件事物最基本的條件，將其拆分成各要素進行解構分析，從而找到實現目標最優路徑的方法。那是否改變思維邏輯，就能夠找出一條全新的對策？

前面章節有討論過，亞里斯多德說：「在任何一個系統中，存在第一性原理，是一個最基本的命題或假設，不能被省略，也不能被違反。」意味著一旦找到事物的基本事實，你就可以用來創建全新的解決方案。否則只在既有的基礎上疊加上去，拘泥於過往的經驗，做別人已經做過的，這樣做只能優化，無法從根本上突破！

所以馬斯克發才會透過第一性原理，自己建廠製造航太火箭跟電動車的電池，以大幅度降低成本。雖然我們沒有財力做這件事，但一樣可以打破思維的枷鎖，學習以同樣的思維方式，一層層剝開事物的表象，看到裡面的本質，然後重新思考如何解決問題，產生不一樣的價值，創新是源於本質的思考，相信邏輯和必然的匯出，相信邏輯比事實更加真實。

第一性原理就好比是樹木的根基，一般人僅看到樹木的繁茂，卻看不到樹木的根鬚，但正是因為根鬚的強大，樹木才得以繁茂，而第一性原理就是決定大樹繁茂的根鬚。中國古代思想家老子曾經提出「道生一，一生二，二生三，三生萬物」的說法。這裡所謂的道，其實就是道家思想的隱含假設，也可以說是第一性原理，才能推導出有關道的一切認知及學問。簡言之，最能概括第一性原理的四個字，當屬「大道至簡」。

中國有句古語：「變則通，通則久。」不知變通的人很難取得大的成就，大家以前唸書時一定都有讀過〈傷仲永〉這篇文章，記述一個叫做方仲永的人，他從小天資聰慧，卻因為後天沒有繼續學習，最終「泯然眾人矣」的故事，這就是不變通的絕佳案例。

猶記得早些年智慧型手機尚未推出時，Nokia手機稱霸手機市場，所有人都覺得應該不會有手機能超越Nokia了，但這時iPhone狠狠重挫Nokia，讓它跌落神壇。由此可見，沒有創新就沒有進步，因此「變」是一個思想與行動上的重點。

變：打破基石，邊界外延

打破系統的邊界，最直接的方法就是將作為基石的第一性原理擊碎。創新最主要的就是打破界限，把作為界限定義某個系統的第一性原理打破，然後進行重新定義並應用。破的是原來的第一性原理，立的是新的第一性原理，這樣的方法就是破界創新。

- Step 1：對現有系統的第一性原理假設基礎進行破除，以便突破。
- Step 2：破除原來的原理後，需要重新樹立新的系統假設。
- Step 3：樹立新的假設後，基於這個假設建立新的第一性原理。

比如IBM的破界創新，從原來的大型商用電腦轉為個人用電腦；又好比iPhone手機的創新；再比如大陸的電腦防毒軟體360，直接把原來防毒軟體的底層「價格」破除，樹立免費的新規則，從而成功突圍，這些例子都是先打破原來的系統假設，最終樹立新的第一性原理從而成功創新顛覆。馬斯克同樣重新定義了航太和汽車業，把原來的系統和舊有的原則直接拋棄，重新樹立新的第一性原理，最終大獲成功。

在社會組織中，大家很容易被大眾的思維所影響和局限，如果大家要做什麼，那麼我也要做什麼。很多時候，一旦自己產生不符合大眾認知的想法，有可能懷疑自己，是不是自己錯了，而這種想法其實是「從眾效應」。大家捲來捲去，就通通內捲了！

群體心理學創始人古斯塔夫‧勒龐（Gustave Le Bon）在《烏合之眾》中

指出群眾效應對個人智慧、邏輯及意識的影響。所以如上文所說，之前基於的傳統經驗都會影響你的發展。只有大膽破界，但不是破外在現實的邊界，而是破內在認知的邊界。

混沌大學創辦人李善友曾針對第一性原理，提出破界創新三部曲。

①「破」隱含假設

你可以將隱含假設理解為支撐第一性原理的基石。李善友的解釋是對固有的系統，人們通常會遺忘也隱含的基石假設。

②「立」基石假設

在打破原有系統的第一性原理後，你需要重新定義系統的「基石假設」，也就是新的隱含假設。

③「見」全新系統

在新的基石假設上，演繹出新系統的「第一性原理」，也就是提出創新的產物。

因此，要想實現破界創新，我們首先必須打破自身的認知邊界，然後才能進入一個更大的時空，從更高的維度去建立更龐大的系統。過去我們認為，事業成功需要的是努力、勤奮和大量的時間，但那些工作全都在系統的邊界之內。其實，創業、創新是一種智慧，是一種新的認知，是系統之外的東西，需要靜下來思考。

而每一個系統都有自己的適用範圍，相應地，第一性原理也有自己的作用與範圍，幾乎沒有任何一個原理是放諸四海而皆準的。也就是說，當下的真理在未來可能就成了謬論，但真理還是真理，只不過真理是相對的，可能換了時空就不一定正確了。

就好比牛頓發現了萬有引力，但對時空的認識理念被愛因斯坦推翻，因為牛頓把很多對時空宇宙未知的疑問交給上帝來解決。而愛因斯坦最偉大的相對論，在剛開始被提出時，卻被當做「謬論」，沒有人相信，原因在於當時的科技水平不能證明愛因斯坦的猜想。在相對論誕生的數十年後，相對論中提出的理念才得以被證明，愛因斯坦也因此一舉成名。

可見，真理是相對的。愛因斯坦的狹義相對論，建立在狹義相對性原理和光速不變原理之上，這是對牛頓思想的一次創新，而牛頓力學建立在慣性假設和引力假設之上。也就是說，這裡牛頓的第一性原理是指「慣性假設和引力假設」，而愛因斯坦新提出的第一性原理指的是「狹義相對論和光速不變」。

但愛因斯坦並不是推翻牛頓的思想，而是在此基礎上的破界創新，即推翻牛頓力學的隱含假設，建立了新的第一性原理，也正是不斷建立新的第一性原理，不斷反覆推理第一性原理，才能實現不斷創新。

好比賈伯斯的破界創新如下，「破」隱含假設：手機應該有開關功能→「立」基石假設：不用按鍵來操作手機→「見」全新系統：iPhone發表面世。這得益於賈伯斯敏銳的洞察力，敢於打破思維枷鎖，用第一性原理創新。

其中你也可以發現，善於創新的人，總對事物抱持著懷疑的態度，無論是牛頓、愛因斯坦還是賈伯斯，都具備這項因子，也因而能運用第一性原理找到問題的本質。如果沒有普遍懷疑的精神，就不可能有創新，不可能發展至現今日新月異的科技時代，可能會停滯於原始社會。

其實我們每個人都有一顆創造性大腦，都可以擁有創新思維，前提是你要敢於劈開思維的枷鎖、拆掉思維的牆，在創新思維的指導下活動，當門被鎖上

的時候，一定要能給自己打開一道窗。

現今每個人都高談著創新的口號，創新的確很重要，它能為人們創造出「新」的價值，把未被滿足或潛在的需求轉化為機會。但創新的目的並非是將利潤最大化，而是為了找出新的需求；若以犧牲他人價值為代價的「創造」就不是創新，因此，發明也未必是創新，除非它能被應用並創造出新的價值。

創業當然也未必就是創新，筆者常常告訴我的學員們，要勇於創業讓自己成功，因而開設了跟創業相關的課程，協助他們找尋方向。但創業的前提是，你要找出事業的賣點並讓「新的客戶滿意」，這才叫創新的創業；並不是你做出改變就是創新，否則你只能品嚐到失敗的滋味，甚至可能造成市場的紊亂。

在產能過剩的今天，隨著競爭的加劇及日新月異的技術，產品的同質化日益變成一種常態，而產品的功能也在各競爭對手的想方設法下不斷增添、不斷雷同。因此，如何在幾乎「長著同一張臉」的眾多產品中「推群獨步」，成了每個人、每間公司苦苦思索的永恆課題。

人們一般都傾向留在自己的舒適圈內，用自己的思維去做自己習慣的事情。然而太過依賴舒適圈會讓人產生惰性，並帶來一種非理性的安全感，缺乏危機感。當你知悉接下來將會發生的事情時，你便會感到自在，你的日常習慣、工作流程等都是你熟悉且能掌握的，但無法替自己帶來任何實質上的進步。

另外，大腦的運行機制會希望在任何活動上，消耗最少的能量。雖然大腦很小，但它消耗的能量大約是每天日常能量的20至25%。在整體消耗能量不變的情況下，做的事所需的時間越少，消耗的精力和能量就越少，因此，你會慣性地選擇做自己熟悉的事情。

有一家髮廊新開業，老闆朋友送他一部立可拍相機。乍看起來，髮廊和立可拍似乎毫無關聯，但將兩者創造性的想像一聯結，經過優化和組合，賺錢的新思路便出來了。顧客剪完頭之後覺得很滿意，於是設計師就當場用立可拍對顧客拍了兩張照，一張送給顧客留念，一張則作為那位顧客的名片檔。顧客拿到照片後可將照片作為留念小卡，髮廊的那張則作為顧客資料，未來若由其他設計師服務，就能為這位顧客剪出更棒的髮型，也能以此為噱頭吸引顧客。

其實許多創意，都是像髮廊和立可拍這樣毫不相關的事物聯繫在一起的產物。日本千葉大學教授多湖輝就認為：「創新內容裡的97.9%是任何人都知道的、相當常見的普通東西，當它們被一種新的關聯體系重新組合起來，經過優化，具有相當的有效性時，就能發展成創新。」這也是為何要以第一性原理出發的原因，只要回歸本質，從最簡單、最純粹的原點出發，再普通的東西都可以重構成最有價值的概念或產品。

最後，想強調一點，想養成並用好第一性原理的思維方式，絕對要重視質疑的力量，不輕易接受已經被否定的答案。這個世界是充滿發展性的，以前人們做不成的事，後來條件變了可能就能做成。也不能受到定勢思維的局限，畢竟很多結論實際上是在某些特定的時間、環境和層次下得出的，但這並不代表它是由本質使然！

5 以小博大、破界創新的新利器

我們要善用第一性原理為主的演繹思維，而不能只用比較性思維去思考問題，它源自於事物背後的本質，也適用於理解任何事物背後的本質。

將第一性原理這種思維方式貫徹到我們做事的過程中，就是要求我們在解決問題時，要勇於打破知識的藩籬，回歸事物的本質，去思考最基礎的要素，在不參照經驗或其它的情況下，直接從事物最本源出發尋求突破口，逐步完成論證。例如，我們可以給一件事情建立底層模型，經過嚴謹的邏輯重構，得到解決問題的方法，實現創新。

藉由第一性原理實現創新的過程，可以用八個字來描述：溯源、拆解、重構和迭代。我們思考時不要陷入比較思維的窠臼，而應該明確基本出發點和目標，以終為始地理性推理和計算。

在商業世界中，第一性原理和比較思維是截然不同的兩種思想。我們現在處在資訊爆炸時代，每天需要不停地過濾資訊，但在很多資訊中你並不能看到深層次的原因，看到的只是表象。我們很多時候只能透過觀察表象，也就是經由比較思維看待事物，但實際上盲目依賴比較思維的確存著不少隱患。

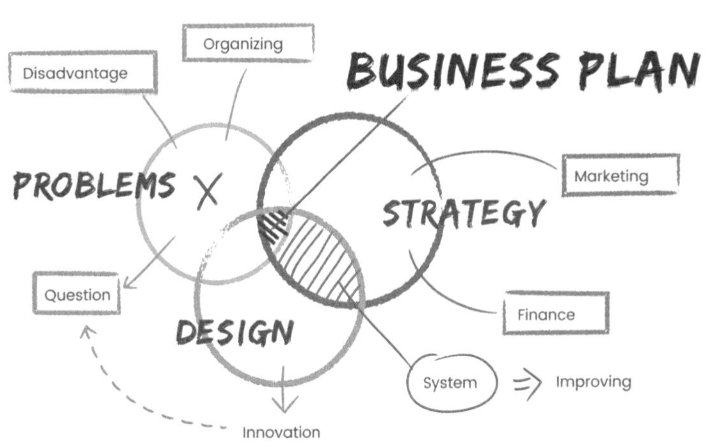

如今很多投資人在看項目時經常掛在嘴邊的一句話就是「你這個項目的商業模式第一性原理是什麼？」什麼是商業模式？筆者相信絕大多數人並沒有搞清楚這個問題，對這個詞的理解還停留在這個階段：我是做什麼業務的？我靠什麼賺錢？這當然也是商業模式的一部分，但並不是全部，那到底什麼才是對商業模式的完整理解呢？這個詞真正變得流行不過二十年的時間，對它的定義沒有舉世公認的標準版本，但商業模式從本質上講，指的是如何創造和傳遞客戶價值和公司價值的交易結構。

雖然不同行業、不同企業的交易結構可能不盡相同，用商業畫布形式來簡化表現，可能呈現出點、線、鏈、面、樹、網、圈、層等不同的形態，有些企業的交易結構較穩定，也有的容易塌陷、崩潰，還有一些是離散型價值分布的。

但通俗地說，商業模式就是一群利益相關方的持續交易，大家投入各自的資源和能力、共同創造價值的方式，只是因為交易是有成本的，因此價值增值的分布實際上是各個利益相關方在交易過程當中產生的剩餘分配，如此解釋的話，這個問題就不再複雜了。

然而，仍然有很多企業沒有搞清楚，特別是一些科技公司最容易走入一個認知誤區：只要我們的技術足夠強，客戶自然會乖乖買單。其實市場需求和技術領不領先是兩回事，很多看上去很炫的技術，幾乎沒有市場，這也是大多數科技創新類公司失敗的主要原因。

例如，兩款玩法類似的網路遊戲，其底層技術、介面、視覺、角色、道具等都非常雷同，但在市場啟動時才發現，兩者的用戶體驗差異卻非常大。其實，從網遊玩法的本質上看，能否在用戶首次體驗的前幾局內，調動得起玩家的情緒（如榮耀感、愉悅感）、啟動其多巴胺分泌，才是產品存活的關鍵。

買彩票的人癡迷於分析過往每期的中獎號碼，試圖找出所謂的「規律」；股民在分析股票週期、經濟週期時，也傾向於尋找價量的時序波動規律；房產分析師喜歡拿台灣和美國、日本同時期的市場變化趨勢對比，試圖據此找出台灣房價的未來走向；很多機構在投資項目時用的估值模型往往也直接參考同行數據，而不顧及對項目及其所在行業本質的深究。

以上這些都是以比較思維來思考的例子，當然，比較思維在過去穩定時代也許有一定的實用價值。當時的時代跨度長、發展緩慢，很多領域的底層規律顯現地較明確，而且很多人參照比較思維行事獲得過不少的甜頭，他們潛意識裡已經習慣了人云亦云、亦步亦趨的做法，同時還產生了不犯方向上的大錯、藏在眾人堆裡更安全等心理錯覺。

但在現今這個資訊爆炸、社會更崇尚顛覆式創新思維的新時代，一味地透過借鑑同類，尋找「表象規律」的做法，似乎已經難以適應時代的快速變化了。關於如何用第一性思維PK掉比較思維，筆者再講一個經典的小故事。

剛開始設計飛機時，很多工程師都覺得如果人類想要飛的話，就得像鳥一樣搧動翅膀，結果全都失敗了。但萊特兄弟想明白了一件事，從根本上講，飛機壓根不是鳥，所以應該找出更底層的技術原理，最後受到帆船的啟發，將飛機的機翼變更成帆形。飛行靠的是空氣動力學（第一性原理），而不是仿生學（比較思維）。

任何事物或現象都有第一性原理，抓住了，一切迎刃而解。與傳統的比較思維相比，第一性原理在這個時代會活得更加滋潤，賺錢也會更加容易。

就拿大家司空見慣的計程車來說吧。為什麼大多數的計程車司機整天辛苦拉客人，賺得又不多呢？來討論一下他們都是怎麼接生意的。

首先，挑工作，近的找理由拒載，遠的才去；其次，開車的同時還不忘在車隊系統上搶單，例如靠行台灣大車隊或大都會計程車，弄得神經緊張；最後，不斷鑽空子，選擇好的地段和時段。

這麼做，從表面上看是在思考和優化自己的工作，但其實工作並不輕鬆，勞神、勞力外，錢賺得也不多，但如果掌握第一性原理，就完全不一樣了。

一位長期跑機場接送的計程車司機，對乘車服務、客戶需求、傳統計程車攬客方式的本質做了深刻思考，發現「正常開計程車，再怎麼優化路線、多接幾位乘客，收益也跳不出某個範圍」，於是他索性轉變自己的服務模式，專門服務那些重視服務、環境、舒適感等乘車服務中性價比最高的商務客群。

他在車上放置升降式電腦桌、熱水壺、鮮花、小冰箱、暈車藥、電源插座、茶具等商務乘客可能需要的物品，他還利用自己曾辦過海釣俱樂部會員的優勢，針對金融類優勢乘客開展包船＋海釣＋社交等增值服務。他深掘客戶的本質需要，成功打破了傳統計程車的載客模式。

他自己重新編織了一張以「為高端客戶提供增值服務」為核心的「價值網」，從此再也不必按載客遠近來篩選客戶了。他看到了問題的本質，他沒有因循守舊、沒有隨波逐流，他用更巧妙、更高效、更輕鬆的方式賺錢，這都源自他用對了第一性原理。

一種以小博大、以弱勝強的競爭法則

假設你是一名產品經理，你最想知道的應該是客戶的真實需求為何？針對這個問題，首先要明白什麼是需求？答案是要能解決客戶的問題或達到某種目標。客戶之所以消費或使用產品，就是用其來解決自己遇到的問題或達成目標，這就是需求，也可稱為最基礎的需求，通俗一點解釋則是藉由XX事情（行為），達到目的（結果）。

舉例，A小姐每次上班都會精心打扮（行為），讓自己看起來光采動人（目的）。那她為什麼要追求光采動人呢？原來是想要吸引暗戀對象的目光（原因）。而這個原因便是她的真實需求，所以若要達成她的目的，可得出她可能需要：化妝品、漂亮的衣服……等等，而這樣的思考模式便是第一性原理，因此，第一性原理同時也可以稱是第一驅動力，基於第一性原理，自己才會成長。

巴菲特的黃金搭檔蒙格總說：「我一生都在追尋更好的思維模型。」在商界和科學界，有條實用且亙古不變的法則，它分兩步：找到一個簡單、基本的道理；非常嚴格的按照這個道理行事。

其實第一性原理的「透過現象看本質」，在管理上也可以叫做「以終為始」，就是讓我們把目光從那些表面的事和別人做的事情上挪開，做任何選擇和決定都從事物最本質之處著眼，並且在做的過程中，以最根本的那個原則為參照點，不斷修正，直到達成目標。第一性原理其實有點類似經濟學中的拋棄沉沒成本，由於人們無法做到真正的理性思考，常常會想著已投入了多少，若放棄過於可惜，而做出錯誤的決定，反而無效的投入會更多。

比如馬斯克在創辦SpaceX時，眾人都跟他說製造火箭、發射衛星的費用相當昂貴，還要花不少時間，而且還很可能失敗，必須是波音這樣的大公司才有辦法生產，但政府和科研機構又有實現低成本、快速等需求，因此馬斯克認識到，如果他能做到這一點，那一切將重新洗牌，於是他圍繞著第一性原理展開，自行研發、製造，並瘋狂地降低成本。

我們現在處於資訊爆炸的時代，周圍充斥著各種各樣資訊，每天要不停地過濾訊息，而這些訊息，你往往不能看到深層次的，看到的只是表象，而多數人考慮問題時，會局限於類比思維，很少用到第一性原理思考問題。

類比思維運用已有的知識和經驗，將陌生的、不熟悉的問題與熟悉的問題或其他相似事物進行類比，嘗試找到解決問題的辦法，但類比推理並不是因果推理，且有以下兩個層次的缺陷。

① 縱向比較

縱向比較是基於過去經驗和歷史的比較，但每刻都不會一模一樣地重演，下一個比爾‧蓋茲不會再開發作業系統；下一個賴瑞‧佩吉或是謝爾蓋‧布林不會再研發搜尋引擎；下一個祖克柏也不會去創建社群平台，如果你照搬這些人的做法，你會死得很快。

若總是基於縱向比較的思維，可能會致使你產生一些錯誤的想法，比如愛迪生曾說：「交流電是無用的，因為它太危險，可能像閃電一樣劈死人，所以只有直流電才是安全的。」但事實證明，現在家庭普通使用的是交流電。

② 橫向比較

橫向比較則是一種競爭意識，看不到終點在哪裡，《從0到1》書中有一個非常有趣的觀點：「競爭是一種觀念，這種觀念在整個社會中蔓延，扭曲了我們的思想。結果競爭越來越激烈，我們在實際中獲得的卻越來越少，我們把自己困在了競爭中。」這就是「內捲」。

大陸共享單車摩拜的創始人胡瑋煒，最初在構想時也是基於第一性原理來思考，一般民眾出地鐵站後，離目的地可能還有二至三公里，但在大陸的上下班高峰時段根本打不到車，民眾只能打黑車或走路，

這時候如果有一輛腳踏車該有多好。

而行動支付在大陸越來越普及，於是他把行動支付和腳踏車想在一塊，民眾騎腳踏車到達目的地後，無需停靠在固定停車樁上，只要就近停放在路邊合適的區域，就可以透過手機連線將腳踏車上鎖，並支付費用，摩拜就這樣誕生了。

看到摩拜的成功，市場上有越來越多的共享單車相繼出現，共享單車轉變成一種純粹的比較思維競爭，業者們一心想把對手打敗，資本家也在後面推波助瀾，所以被淘汰或被收購的結局在所難免，理想很豐滿，現實卻很殘酷。

不好的競爭是兩個人搏擊，就是在過程中你把另外一個人KO，若可以，要盡量避免這樣的競爭，把精力放在思考產品該如何創新，並提升用戶體驗。所以，歷史其實並非直線前進，而是螺旋前進，或者走兩步退一步，走三步再退一步的。

馬斯克曾說過：「如果你真的想做一些新的東西出來，就必須依賴物理學的方法；物理真正能夠幫你去發現一些新東西，這些方法往往是反直覺的。」第一性原理就是找到問題最開始的起點，即「認知的認知」，人類思考問題遵循因果，一個現象出現後，人們會想為什麼會這樣，當知道原因之後，還會想這個原因出現的原因是什麼，最終的那個原因就是第一性原理。

在物理學家看來，人類是由原子和分子組成的奇妙物種，人類想要找到普適於宇宙與人類的「第一性原理」，必須從最基本的物理概念出發。由於學習物理學的緣故，馬斯克經常使用被物理學家所欣賞、推崇的「第一性原理」來思考問題，即面對任何問題不是透過不涉及本質的類比，而是從基本的物理事實與物理概念出發，按照達爾文進化論的邏輯體系之思維方式來逐步推演出結論。

這也讓我們再次思考專業化學習的重要性，專業化固然重要，沒有對一個領域的深入認知和雄厚功力，就不可能打通多個領域的底層邏輯，但也不要忘了跨學科學習的重要，這是培育綜合理解能力的基礎，更是跨界創新、系統創新的根本，這種能力決定了未來的創新世界中的核心競爭力，這種能力在現實應用層面也更具價值，也就可以「反內捲」了！

指引人生大道的明燈！

真理指引の知識服務

真永是真

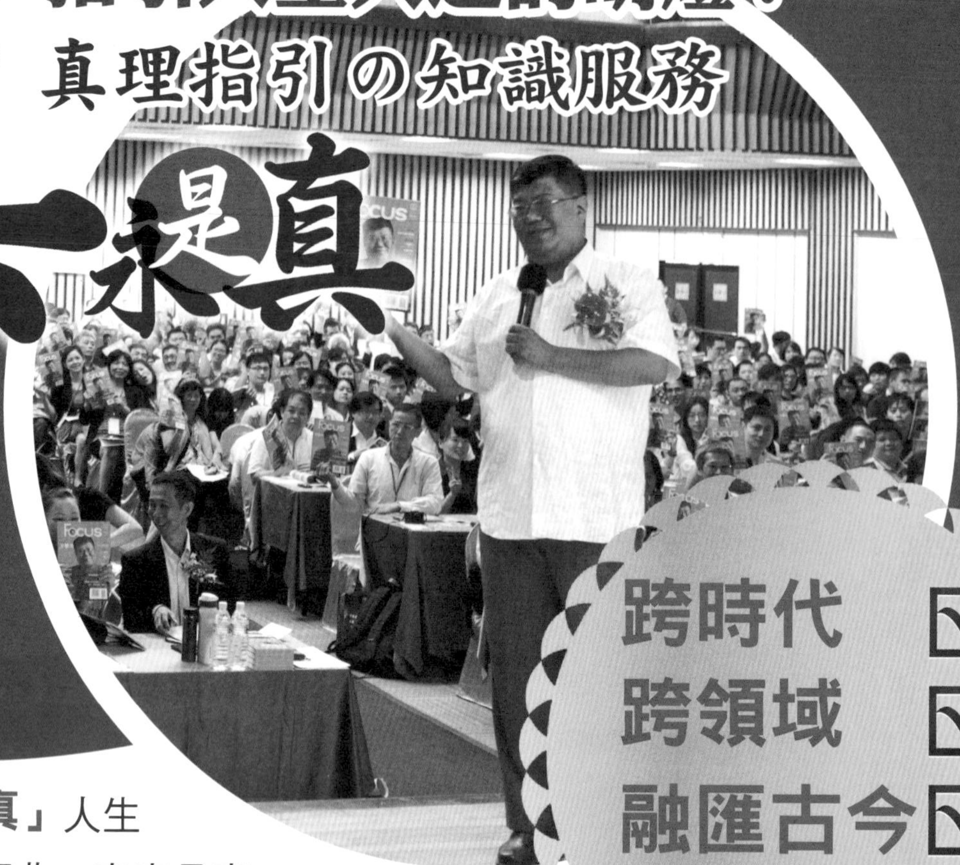

跨時代 ☑
跨領域 ☑
融匯古今 ☑
中西互證 ☑

「真永是真」人生大道，條條是經典，字字是真理！王晴天大師率魔法講盟知識服務團隊精選 999 個真理，打造**「真永是真」**人生大道叢書，每一個真理均搭配書籍、視頻、課程等，並融入了數千本書的知識點、古今中外成功人士的智慧經驗，全體系應用，360 度全方位學習，讓你化盲點為轉機，為迷航人生提供真確的指引明燈！

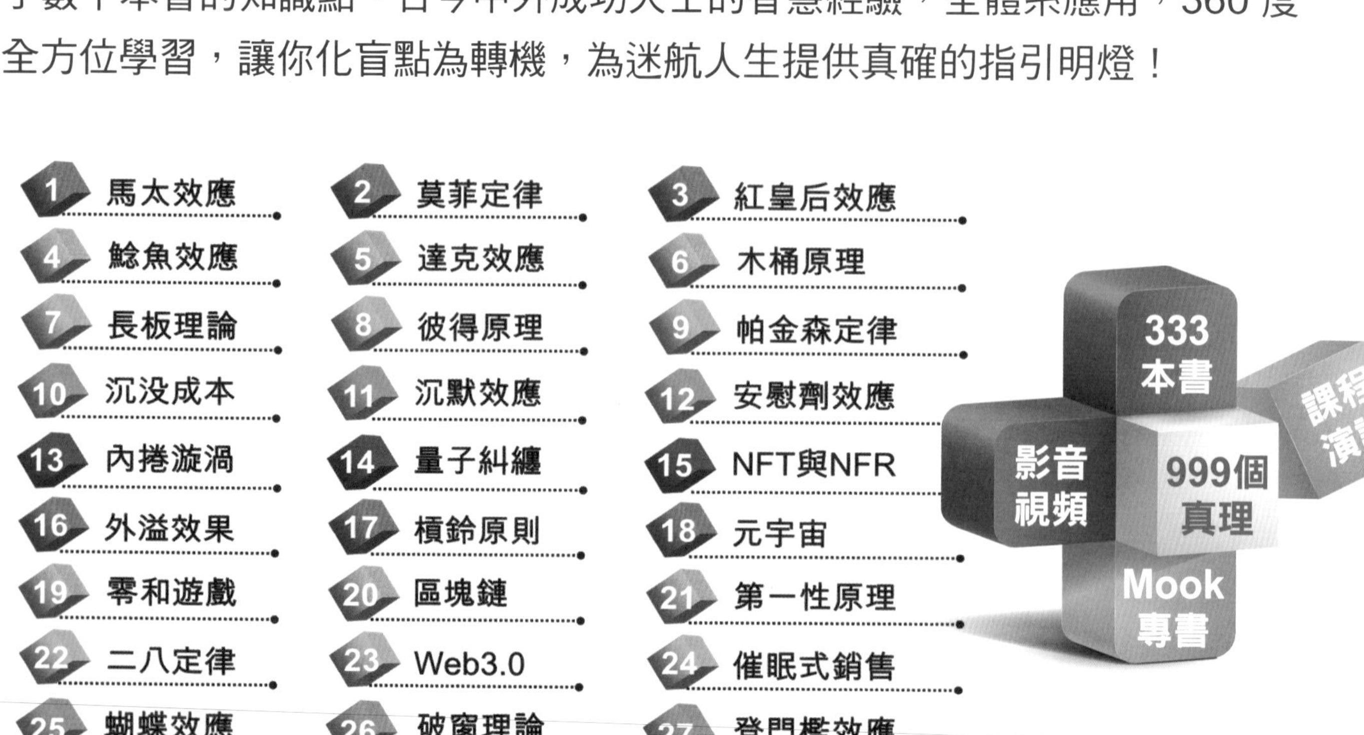

國家圖書館出版品預行編目資料

從馬斯克到第一性原理/王晴天著. -- 初版. -- 新北市：創見文化出版, 采舍國際有限公司發行, 2023.4
面；公分--

ISBN 978-986-271-961-9（平裝）

1.CST: 成功法　2.CST: 創造性思考

177.2　　112001859

從馬斯克到第一性原理

創見文化・智慧的銳眼

作者／王晴天
出版者／智慧型立体學習・創見文化
總顧問／王寶玲
總編輯／歐綾纖
主編／蔡靜怡
特約顧問／吳宥忠
美術設計／ Maya
台灣出版中心／新北市中和區中山路 2 段 366 巷 10 號 10 樓
電話／（02）2248-7896　傳真／（02）2248-7758
ISBN ／ 978-986-271-961-9
出版日期／ 2024 年最新版

全球華文市場總代理／采舍國際有限公司
地址／新北市中和區中山路 2 段 366 巷 10 號 3 樓
電話／（02）8245-8786　傳真／（02）8245-8718